insel taschenbuch 4772
Beatrix Langner
»Übermächtiges Glück«

Im Jahr 1796 trifft der Dichter Friedrich Hölderlin auf Suzette Gontard. Die Frau eines Frankfurter Bankiers suchte nach einem Hauslehrer für ihre vier Kinder. Diese Begegnung ist der Beginn einer leidenschaftlichen Liebesbeziehung. Drei Jahre leben sie unter einem Dach, treffen sich heimlich, tauschen Briefe, zögern die unvermeidliche Trennung immer wieder hinaus. Als Suzette 1802 überraschend stirbt, stürzt dies den Dichter in eine Lebenskrise, von der er sich nie ganz erholen wird. Seiner großen Liebe setzt er in der Gestalt der Diotima in seinem Roman *Hyperion oder Der Eremit in Griechenland* ein Denkmal.

Mit Empathie und Genauigkeit erweckt Beatrix Langner die intensive *Amour fou* im Hause Gontard zum Leben, füllt sie mit Briefen, Tagebucheintragungen und Szenen aus dem Alltag und zeichnet so die dramatische Liebesgeschichte von Hölderlin und seiner Diotima nach.

Beatrix Langner, geboren 1950 in Berlin, ist Literaturwissenschaftlerin, Kritikerin und Autorin zahlreicher literarischer Biografien, Essays, Hörspiele und Feuilletons.

Beatrix Langner

ÜBERMÄCHTIGES GLÜCK

Die Liebesgeschichte von
Hölderlin und Diotima

Insel Verlag

Zweite, überarbeitete Auflage 2020
insel taschenbuch 4772
Erste Auflage 2001
© Insel Verlag Frankfurt am Main und Leipzig 2001
Vertrieb durch den Suhrkamp Taschenbuch Verlag
Umschlag: Rothfos & Gabler, Hamburg
Umschlagabbildungen: Landolin Ohmacht, Suzette
Gontard, um 1792, Foto: bpk, Berlin; Franz
Karl Hiemer, Friedrich Hölderlin, Marbach,
Schiller-Nationalmuseum und Deutsches Literaturarchiv,
Foto: bpk, Berlin
Satz: Satz-Offizin Hümmer GmbH, Waldbüttelbrunn
Druck: Druckhaus Nomos, Sinzheim
Printed in Germany
ISBN 978-3-458-36472-6

INHALT

ÜBERMÄCHTIGES GLÜCK

Welch eine schwere Kunst ist die Liebe!
Wer kann sie verstehen?
Und wer muß ihr nicht folgen?

Suzette Gontard

o wenn wir auch nur darum da wären,
um eine Weile zu träumen
und dann zum Traum eines andern zu werden.

Friedrich Hölderlin

DAS FEST

Die Fenster sind beschlagen. Der Gartensaal ist von hundert Kerzen taghell erleuchtet. Feine Wolken von Patschouli, Haarpuder und Zigarrenrauch, der neuesten Mode aus Hamburg, schweben durch die weitgeöffneten Türen herein.

Es ist der 9. Februar 1796. Suzette Gontard-Borkenstein feiert ihren 27. Geburtstag.

Was in Frankfurt den Namen Gontard im Stammbaum trägt, sortiert sich umständlich nach Paaren. Neben Dame Borkenstein ihr Gatte Jakob Friedrich und Schwiegermutter Susanna Maria d'Orville, dann Jakobs Tanten Henriette und Cäcilie mit den Onkeln Alexander und Heinrich, die jüngeren Paare Neufville und Wichelhausen, Schönemann, Gogel und Manskopf, die Cousins Brevillier und duFay, Cousine Sophie mit ihrem Gatten Herrn Dollfuß, ihre unverheiratete Schwester Demoiselle Marianne, übrigens eine große Verehrerin der Königin Luise von Preußen, und Jakobs ältere Schwester Demoiselle Margaretha mit ihren Tischherrn Louis und Fritz Gontard. Zusammen an die vierzig Personen. Ganz unten, am anderen Ende der Tafel, die neun Gontard-Kinder mit ihren Gouvernanten und den neuen Hofmeistern, Monsieur Klitscher von Breslau, der Hauslehrer der Wichelhausen-Kinder, Magister Friedrich Hölderlin, von Nürtingen, der Erzieher des kleinen Borkenstein.

Alles geht nach französischer Sitte im Weißen Hirsch. Vor dem Essen werden silberne Schalen und warme Tücher zum

1 Porträtminiatur Jakob Friedrich Gontard

Reinigen der Hände vorgelegt. Bei Madame d'Orville wird noch altfranzösisch von Zinngeschirr gegessen. Schwiegertochter Suzette zieht die zerbrechlichen englischen Fayencen vor. Neben bestickten Servietten aus feinem schlesischen Leinen prunken Leuchter von getriebenem Silber und schweres Besteck aus London, Weingläser und Flaschen aus venezianischem Glas auf Veroneser Damasttüchern. Acht Schüsseln, mindestens, gepökelte Rinderbrust, dazu Gratin Dauphinois, grüne Frankfurter Sauce mit Kerbel und Sauerampfer, mehrere Gemüse, dunkelrote Weine von den Ufern der Garonne, eingelegte Rumfrüchte, zum Abschluss vielleicht petits fours oder Eis mit frischen Ananas, die man von Berlin kommen lässt.

Nach dem Essen versammeln sich die Herren zum Rauchen im Salon. Monsieur Hölderlin ist aufgefordert, von den Erfolgen seines Zöglings zu berichten.

Jugendlich weiche Gesichtszüge, fein gezeichnete Augenbrauen, die Augen braun. Man könnte ihn schön nennen, hochgewachsen, das sorgfältig gebundene schneeweiße Krawattentuch über dem schlichten schwarzen Rock, das ungepuderte, dunkle Haar modisch kurz geschnitten.

Herr Gontard solle keine Wunder erwarten.

Die Stimme klangvoll.

Man wisse doch, dass die Natur sich stufenweise entwickelt und den Grad und den Gehalt der Kräfte unter die Individuen verteilt habe. Er könne nach kaum fünf Wochen nicht viel sagen.

Das Gespräch, mühsam begonnen, schlingert.

Ob Herr Hölderlin sagen wolle, dass sein Henry ein Dummkopf sei. Das rechte Auge, täuschend echt aus Glas nachgebildet, blickt streng auf den Mann vor ihm, und auch das andere, gesunde, scheint ein wenig verrutscht.

Er habe nur sagen wollen, Henry sei ein gutes Kind, fährt der Hauslehrer fort, für sein Alter unbefangen, reine Natur, dabei gänzlich ohne Roheit, wie er gleich gesehen habe. Als sein Erzieher könne er auf keine anderen Verdienste rechnen, als allmählich die natürlichen Anlagen des Knaben hervorzulocken. Für den Anfang werde es genügen, ihm Geschichten zu erzählen, die er mit seinem weichen Gemüt begreifen könne. Er habe auch schon einen Anfang mit dem Homer und Hesiod gemacht.

Die alten Griechen also.

Die Wiege der Menschheit, ja.

Der Herr Hölderlin müsse dem Rest der Menschheit aber auch noch ein paar Verdienste lassen, schließlich habe jeder, der ihr nützlich geworden ist, zu ihrem Fortschritt beigetragen. Und was bedeute das Verdienst derer, die uns die *Ilias* und die *Odyssee* geschenkt haben, gegen jene, denen wir die Kartoffel, das Spinnrad und den Urmeter verdanken.

Ich glaube, meint Hölderlin fest, dass die Geschichte besserer Zeiten die Welt des Kindes werden kann, wenn sie mit Auswahl und einer Darstellung behandelt wird, wie sie dem Kinde überhaupt und dem Individuum angemessen ist, das ich vor mir habe. Es wäre ja außerdem, setzt er hinzu, nicht um die Geschichte, sondern um ihre Wirkung aufs Herz zu tun. Dazu etwas Geographie, Pflanzenkunde, Arithmetik, um den natürlichen Nachahmungstrieb, den Neuigkeitstrieb zu benutzen. Wenn das Kind täglich bemerken kann, wie die Arithmetik ein wesentlicher Bestandteil nützlicher Beschäftigungen ist, so wird es auch wohl gerne so etwas treiben. So sei es mit Madame Gontard besprochen.

D'accord. Das Rechnen ist ihm in die Wiege gelegt, die Gontards sind Handelsleute, und Henry wird Kaufmann werden wie sein Vater, seine Onkel und Großväter. Im Übrigen verstehe er von Kindererziehung wenig, versichert Herr Jakob Friedrich, das sei Sache seiner Frau, und er sei überzeugt, dass Madame den Erziehungsplan des Herrn Hölderlin gewissenhaft geprüft haben wird.

Hölderlin versteht den Wink. Die Rede ist nun vom Geschäftlichen. Drei Jahre Krieg, und die Nachfrage sinkt ins Bodenlose, die Magazine sind bis unters Dach gefüllt, die Aktiva eingeschmolzen. Wer kauft in diesen Zeiten.

Die Franzosen haben so viel Kontributionen aus den Reichsstädten gepresst, dass es fast ein Wunder ist, dass von den Frankfurter Häusern noch keines gefallen ist.

Niemand denke doch, dass die Gefahr für Frankfurt mit dem jüngsten Waffenstillstand vorüber sei. Der Frieden wird wieder nur den Tollköpfen in Paris nützen, die Revolution ist *banquerotte*, wie jedermann weiß, ihre Armeen sind zerlumpt, ihre Kriegskassen leer. Sie brauchen diese Atempause.

Der Magistrat hat dem kaiserlichen Oberbefehlshaber der Niederrhein-Armeen, Generalfeldmarschall Clerfait, das hiesige Bürgerrecht angeboten. Natürlich hat er angenommen. Habsburgs Schicksal liegt in Frankfurts Händen; der Kaiser Franz schuldet Herrn Bankier Bethmann jetzt schon an die vier Millionen.

Aber Frankfurts Schicksal liegt auch in kaiserlichen Händen, seit die Preußen ihren Separatfrieden geschlossen und die Reichsstädter im Stich gelassen haben.

Herr Bethmann kann jedenfalls ruhig schlafen. Die sogenannten Bethmännischen Obligationen haben sich auf die Nachricht von der Waffenruhe 4% gebessert.

Wer jetzt verkauft, macht ein Vermögen.

Aber Messieurs, wir sind zuerst Patrioten und dann Handelsleute. Wo ständen die koalierten Armeen ohne uns.

Madame Gontard d'Orville, seit fünfzehn Jahren Witwe des Kaufmanns und einstigen Vorstehers der Frankfurter Kaufmannschaft Daniel Andreas Gontard, in ihrer Jugend eine dunkeläugige Schönheit, Spitzenmantille über ausladender Robe aus Samt und Brokat, Brillant- und Perlenschmuck, repräsentiert stolze Wohlhabenheit im Kreis einer zahlreichen Nachkommenschaft. Drei Söhne, Jakob und Franz, der älteste starb im Kindesalter, und drei Töchter hat sie geboren. Die erste, Helene, heiratete den Kaufmann Manskopf, die zweite, Marie, Herrn Schönemann, den Bruder von Goethes Jugendliebe Lili.

Die jüngeren Frauen stehen in Gruppen zusammen, ihre Kleider nach der neuesten Pariser Mode à la grecque geschnitten, ohne Taille, unter der Brust zusammengehalten von bestickten Bändern, zart herabfließende, durchsichtige weiße Musselinstoffe, der entblößte Hals schmucklos, Schlichtheit, Natur, täuschende Nacktheit. Griechinnen in Haltung und Gebärde. Die Künstlichkeit der Gesten, die Feinheit und Liebenswürdigkeit der Manieren sind sorgfältig inszeniert, jede spontane Regung des Gefühls wird sogleich von der Convention überwältigt. Das höfische Rokoko hat ihre Sinne geweckt, die bürgerliche Aufklärung legt ihnen wieder Zügel an. Als unfein galt es, sein Innerstes nach außen zu kehren; unschicklich war, wer von sich selbst in Gesellschaft anderer zu sprechen anfing. Die Innenräume

2 Gartenfront des Weißen Hirsch der Familie Gontard
am Großen Hirschgraben

der vornehmsten Häuser sind von unsichtbaren Linien durch-
zogen, die zu übertreten niemand wagen würde. Natur war
Künstlichkeit und Künstlichkeit zur zweiten Natur geworden. Der Geschmack jener Zeit ist erzogen an den mytho-
logischen Idyllen des Antoine Watteau, den antikisierenden
Frauenbildern der Angelika Kauffmann, an Chodowieckis
Kupferstichen, Canovas und Danneckers Skulpturen, den
empfindsamen Romanen Wielands, der Sophie La Roche
und Madame de Genlis. Empfindsamkeit und Etikette, Anmut und Würde in schöner Harmonie vereint. Unter dem
Schein der Natürlichkeit verbergen diese Menschen am
Ende des 18. Jahrhunderts mehr, als die Mode ahnen lässt.

Die Szene verblasst von den Rändern. Dahinter ist nichts als
vergangene Zeit, unwiederholbar, körperlose Erinnerung.
    Hölderlin wirft sich den pelzgefütterten Gehrock über
die Schultern und stopft seine Pfeife. Dieser Winter 96 ist
so mild, dass nahe Darmstadt zwei Apfelbäume zu Neujahr
in voller Blüte standen. Den Pelzrock hat er sich, zusammen mit einem Paar englischer Stiefel, von einem Stuttgarter Schneider machen lassen. Nun braucht er ihn nicht. Die
Mutter Johanna Gock trug für den lieben Fritz einen Posten
von 135 Gulden in ihr Haushaltsbuch ein.
    Die Heerstraßen zwischen Main und Rhein sind aufge-
weicht. Die abziehenden österreichischen Grenadierbatail-
lone stecken mit ihren schweren Kanonen und Pulverwagen
im Schlamm wie die Revolution in Paris in der Flaute. Es
sind ungewisse Zeiten.

Er lebe, schreibt er in diesen Tagen nach Hause, »unter sehr
guten und wirklich, nach Verhältniß, seltnen Menschen«.

Konzerte im Roten Haus auf der Zeil und Komödien im Stadttheater, Besuche mit »seinen Kindern« in den Gontard-Häusern, Ballspiele auf den Kieswegen hinter dem Haus an trockenen Tagen sind leichte Pflichten. »Mein Wesen hat nun wenigstens ein paar überflüssige Pfunde an Schwere verloren und regt sich freier und schneller, wie ich meine.« Den Frankfurter Konversationston wird er lernen. Frau Gontard und das Kindermädchen Marie sind gewiss zufrieden mit ihrem neuen Gesellschafter. Man kann sich mit ihm sehen lassen.

Das Gleichmaß der verregneten Wintertage, der Duft des Wohlstands, der aus den Wirtschaftsräumen in die hohen, hellen Zimmerfluchten aufsteigt, beruhigen seine Nerven. Der gute Wein zu den Mahlzeiten, statt des Biers bei seiner vorigen Herrschaft in Walterhausen, ist ihm eine Quelle täglichen Vergnügens. So manches Frankfurter Vermögen ruht in Flaschen und Fässern in den Kellern. Warum soll er nicht für eine Weile teilhaben am guten Leben. Alles hat seine Zeit. Also sitzt Hölderlin über Dingen, die viel Zeit brauchen. »Ich arbeite jezt einzig an den philosophischen Briefen«, schreibt er dem Halbbruder Karl nach Nürtingen.

An Wachslichtern muss er, wie an Tabak, Papier, Federmessern und dergleichen unentbehrlichen Dingen, nicht mehr sparen. Gontard zahlt ihm 400 Gulden jährlich. Was er braucht, ist wenig. Barbier und Friseur, ab und zu ein paar Kreuzer im Kaffeehaus in der Buchgasse, um die ausländischen Zeitungen zu lesen. Die Mahlzeiten nimmt er mit der Familie ein, sein Zimmer wird geheizt, Bedienung und Wäsche hat er frei.

Er arbeitet bis in die späte Nacht, einige Bücher und Papiere um sich. Das meiste ist noch daheim in Nürtingen.

»In den philosophischen Briefen will ich das Prinzip finden«, kündigt er schwungvoll dem Freund Niethammer in Jena an, »das mir die Trennungen, in denen wir denken und existiren, erklärt, das aber auch vermögend ist, den Widerstreit verschwinden zu machen, den Widerstreit zwischen dem Subject und dem Object, zwischen unserem Selbst und der Welt«. Er hat viel nachgedacht über das Wesen der Schönheit, aufgeschlagen liegt Schillers Theorie der sentimentalischen Dichtung, deren erster Teil eben in den »Horen« erschienen ist. Man müsste, denkt er, neue Briefe über die ästhetische Erziehung schreiben, die das Schöne als sinnliche Wirkung des Verstandes in Beziehung auf Philosophie und Religion erklären.

Noch zögert er, seine neue Lage ein Glück zu nennen; »ich war nie glüklich«, hatte der Vierundzwanzigjährige verkündet. Glück wird ihm lebenslang ein Zustand der Ferne bleiben, die Behebung eines Mangels, der nie aufzufüllen ist. »Glüklich seyn heißt schläfrig seyn im Mund der Knechte.«* Das war die Sprache Isaac von Sinclairs, der drüben in Homburg auf ihn wartet. Aus dem Jurastudenten in Tübingen war unterdessen der Hofrat der winzigen hessen-homburgischen Landgrafschaft geworden. Einige Male ist Hölderlin schon über die Berge des Taunus gewandert. Und jedes Mal war Sinclairs nüchternes Räsonnement wie ein kalter Winterregen auf ihn niedergegangen.

Von dem günstigen Eindruck, den das Gontard'sche Haus-

---

* Mit Stern markierte Zitate sind dem Hyperion-Roman sowie seinen Vorstufen und Entwürfen entnommen

wesen auf ihn macht, wird er seine Seligkeit nicht abhängig machen. Auch Ludwig Neuffer in Stuttgart, der Dichterfreund aus den Studentenjahren, kann beruhigt sein. »Ich werde mich auch wohl daran gewöhnen, mit Wenigem fürlieb zu nehmen, und mein Herz mehr darauf zu richten, daß ich der ewigen Schönheit mehr durch eignes Streben und Wirken mich zu nähern suche, als daß ich etwas, das ihr gliche, vom Schicksaal erwartete.«

»Wirklichkeit und Möglichkeit ist unterschieden«, notiert Hölderlin für seine philosophischen Briefe und hält sorgfältig fest, dass der Begriff der Möglichkeit von den Gegenständen des Verstandes gelte, der Begriff der Wirklichkeit aber von den Gegenständen der »Warnemung und Anschauung«.

Er wird es versuchen, dieses Leben in der Möglichkeitsform, nichts erwarten und still arbeiten an seinem unsterblichen Schönen. Allmählich fasst er ein vorsichtiges Vertrauen in die neuen Umstände. »Ich lebe sorgenlos, und so leben ja die seeligen Götter.«

Er hat diesen Götterton nur mit Neuffer.

Wenn Frau Gontard ihrem Hofmeister im Treppenhaus begegnet, grüßen sie einander mit den Augen. Man erwartet von ihm, dass er sich in allem an die Gewohnheiten und Manieren der Familie anpasst, im Übrigen aber in seiner Sphäre bleibt. »Dass der Hauslehrer vorzüglich viel Delicatesse im Umgang mit der Hausfrau nöthig hat, liegt in der Natur der Sache. Mit jedem zu sehr annähernden Schritt, jedem Suchen des Geheimnisses von ihrer Seite, wird der weise Mann einen Schritt zurücktreten. Er wird sogar je eher je lieber ein Haus verlassen, worin die Ruhe – vielleicht endlich gar die Tugend – zweyer Personen in Gefahr kommt.«

Dabei muss es bleiben. Hölderlin kennt die einschlägigen Handbücher für Hauslehrer und Erzieher. Er ist durchaus ein Muster seines Berufsstandes und hält sich peinlich an die Vorschrift.

Aber »Tugend ohne Freude ist keine Tugend, und Freude ohne Tugend keine Freude«, bemerkt leicht gereizt Frau Gontard irgendwann im Februar in dem Stammbuch einer ihrer Hausgäste. Sie unterschreibt mit: Suzette Gontard, in der französischen Schreibweise.

Noch sieht sie nicht recht, wie sie mit diesem gefühlvollen jungen Mann umgehen soll, der beim geringsten Anlass errötet. Es war schlechterdings unmöglich, mit ihm ein paar flüchtige Worte auszutauschen, etwa über das Wetter oder die bevorstehenden Brunnenfeste. Immer antwortet er ernst und ehrerbietig. Sofort nach dem Mittagessen zieht er sich zurück zum Spazierengehen. Zum Abendessen erscheint er gar nicht. Er lebt geradezu klösterlich. Fleisch nimmt er selten zu sich, zur Freude der Kinder, ist doch auch ihnen der Fleischverzehr von den Frankfurter Ärzten verboten, solange sie die Kuhpockenimpfung nicht überstanden haben.

Sie möchte diesen Menschen ergründen, der leise wie ein Fremder in ihrem Hause lebt. Aber alles, was sie herausbekommt, ist die Versicherung, dass es ihm sehr wohl gehe bei ihnen.

Sie stellt weiter keine Fragen. In einem seiner Zimmer hatte bis zu ihrem Tod vor einem Jahr Suzettes Mutter gewohnt, im andern sie. Sie ließ, um ihn zu erfreuen, einen Schreibtisch herbeischaffen mit kostbaren Intarsien auf der

Schreibplatte. Er dankt es ihr, indem er nun kaum noch her-
auskommt.

Das war nicht derselbe Mann, den ihr Hofrat Dr. Ebel
empfohlen hatte, weil er mit den besten Köpfen des aufgeklärten Württemberg befreundet sei, ein aufgeklärter Päd-
agoge, Meister im Griechischen, Schillers Schützling und
sicherer Anwärter auf eine literarische Zukunft. Kein Welt-
mann. Falls er Genie besitzt, weiß er es jedenfalls gut zu verbergen.

In der Balkonstube, die nach dem Garten herausgeht, wird
der Unterricht gehalten. Nach dem Morgentee Mathematik
und Geometrie, Geographie, Geschichte, nachmittags kommen Henrys Hauslehrer für Französisch, Zeichnen, Schön-
schreiben, Rechnen. Das westliche Ende des Gartens grenzt
an die innere Stadtmauer, im Süden schließt das Weißfrau-
enkloster an, im Norden stößt das Gontard'sche Grundstück
an die rückwärtigen Gärten des von Cronstetten und von
Hynspergischen adeligen evangelischen Damenstifts am Rossmarkt. Jetzt im Winter, solange die Bäume entlaubt sind,
kann Hölderlin, während er in den Vormittagsstunden mit
Henry und den größeren Mädchen lernt, in den leeren Garten hineinsehen.

Erzähl von den Himmlischen, Hölder.

Auf dem Winterlehrplan steht Hesiods »Theogonie«.

Frau Gontard setzt sich, eine Handarbeit im Schoß, eine
Viertelstunde dazu.

Das Chaos war das erste Seiende. Die gähnende Leere.
Dann kam Eros, die Liebe, ordnete dieses wüste Durchein-
ander und schuf Gaia, die Erde, und Uranus, den Himmel.

23

Mutter Erde und Vater Himmel hatten viele Kinder, fürchterliche Wesen darunter, hundertarmige Riesen und einäugige Ungeheuer, vor denen Vater Uranus so entsetzlich schauderte, dass er sie in die Unterwelt schleuderte. Die nächsten Kinder des Himmels und der Erde waren besser gelungen, sie hießen die Titanen und waren sehr schön und menschenähnlich. Ihre Namen waren Okeanos, Koios, Hyperion, Krios, Iapetos und Kronos.

Henry buchstabiert es in ein Heft. Hyperion. Der Sohn des Himmels und der Erde. Vater der Sonne. Nach anderer Lesart deren Sohn.

Da sitzt er leibhaftig vor ihr, der Verfasser des Hyperion-Romans.

Es ist noch nicht ein Jahr her, da hatte ihr der Schweizer Freund und angehende Kaufmann Ludwig Zeerleder die ersten Seiten daraus vorgelesen, sie waren in Schillers Zeitschrift *Thalia* abgedruckt. Einige Monate hatten sich beide ihre »excentrische Neigung«, wie Zeerleder es hernach nannte, hölderlinisch buchstabiert. Das alles lag hinter ihr. Zeerleder war wieder in der Schweiz, doch ihre Bewunderung für diese unerhört zärtliche Sprache war geblieben.

Jetzt sieht sie, dieser Dichter ist einer, der sich selbst herabsetzt vor der Welt. Der sich der Bedeutung der Gegenstände um ihn herum gar nicht bewusst ist, weil er leidenschaftlich erfüllt ist von seiner inneren Welt. Am wenigsten kennt er seinen eigenen Wert. Ihre Bewunderung erreicht ihn nicht, kaum scheint sie ihn zu freuen.

»Ich hasse sie, wie den Tod, alle die armseligen Mitteldinge von Etwas und Nichts. Meine ganze Seele sträubt sich gegen das Wesenlose.«* Genauso würde sie es selbst ausdrücken, wäre sie dazu in der Lage. Sein »Wesenloses« war ihr vertraut, sie hasste es auch, es umgab sie ja täglich in Gestalt durchreisender Geschäftsfreunde ihres Mannes. An ihrem hanseatischen Stolz glitten billige Komplimente ab, die sich glichen wie ein Tag dem andern. Ihr eigenes Herz war nicht friedlich, sosehr sie vor anderen beherrscht wirkte. Sie kannte sich. Dieser Gleichmut, den der junge Zeerleder schwärmerisch an ihr gerühmt hatte, ihre »himmlische Genügsamkeit« waren erlernt, mehr Pflicht als Tugend, mehr Etikette als weibliches Selbstgefühl.

In Hölderlins Gegenwart scheint das Haus lebendiger. Der achtjährige Henry vertraut ihm wie einem väterlichen Freund. Henriette, Helene und Maly haben sich an ihn gewöhnt. Er lässt sich zu ihnen herab, auf die Knie, wenn es sein muss.

Henry schreibt mit, die größeren Mädchen dürfen zuhören.

Die Töchter des Himmels und der Erde hießen die Titaniden, ihre Namen waren Tethys, Rhea, Themis, Mnemosyne, Phoibe, Dione und Theia. Theia verband sich mit ihrem Bruder Hyperion und hatte mit ihm drei Kinder: Eos, die Morgenröte, Helios, die Sonne, und Selene, den Mond. Wenn die Kinder der Götter zusammen waren, spielten am Himmel die schönsten Farben. Die Sterne waren ihre Spielgefährten. Gott Pan spielte für sie die Flöte. Der Jäger Cephalus verliebte sich in die Morgenröte und wurde ihr unzertrennlicher Begleiter.

Am selben Abend noch schreibt er nach Hause, man möchte ihm seine Flöte schicken, sicher verpackt. »Auf den Sommer werd' ich mich wohl auch einmal auf Botanik legen. Über meine Erziehungsgeschäfte und über ihre Freuden ein andermal.« Ihm entgeht nicht die Anmut ihrer Bewegungen, wenn sie ihre Blumen auf den Fensterbänken gießt, einen Zweig des Oleander anbindet, Orangenbäumchen, Narzissen und Hyazinthen in Töpfen zieht, wie sie mit Marie abends im Salon, wenn die Kinder schlafen, am Klavier musiziert, wie sie singt, wie sie mit raschen, energischen Schritten aus dem Zimmer geht, um die Köchin, die Mägde anzuweisen.

Sie sprechen sich wenig. »Wovon auch sollten wir sprechen? Wir sahn uns nur. Von uns zu sprechen, scheuten wir uns.«*

Eine Anziehungskraft geht von ihr aus, die nicht das eine oder andere in ihm anspricht, sondern alles zugleich. Seinen Schönheitssinn, sein Kinderherz, sein Bedürfnis nach Verehrung.

Zum Ende des Winters schreibt er Hyperions Lied für Diotima. Der erste Entwurf ist, merkwürdig genug, in Suzettes Handschrift überliefert. Da ist sie schon, was sie ihm werden soll.

Diotima! seelig Wesen!
Herrliche, durch die mein Geist
Von des Lebens Angst genesen
Götterjugend sich verheißt!
Unser Himmel wird bestehen,
Unergründlich sich verwandt
Hat, noch eh' wir uns gesehen
Unser Wesen sich gekannt.
                    (Diotima, ältere Fassung)

DIE KINDER DES HAUSES

Der Weiße Hirsch ist ein stattliches Haus in der westlichen Neustadt, einer der besten Wohnlagen Frankfurts.

Der Besucher betritt das Haus vom Großen Hirschgraben aus. Neben der Eingangstreppe geht ein kleines Fenster zum Hoftor, dahinter sich Wirtschaftsgebäude und Remisen befinden. An den Hof schließt sich zwischen Mainzer Straße und heutiger Kaiserstraße bis zu den Festungsanlagen ein weitläufiger Garten im englischen Stil, mit breiten Rasenflächen und schönen Baumgruppen. Gegenüber, auf der anderen Seite des Stadtgrabens, liegt der Gallenwall. Er hat seinen Namen von dem früheren Galgenfeld vor dem westlichen Stadttor. Pappeln, Buchenhecken und Kastanien wurden angepflanzt, ein Schützenplatz geebnet, die Hinrichtungen auf den Rossmarkt verlegt und mit dem alten Namen auch die Erinnerung an seine ehemalige Bestimmung getilgt.

Hier beginnt, quer zur Stadtmauer, Richtung Römer verlaufend und von streng beschnittenen Buchenhecken eingefasst, die Cur-Allee. Die Frankfurter trinken am Morgen auf den Steinbänken ihren Brunnen. Abends spazieren Familien und Paare zum Mainzer Pförtchen. Auf der hölzernen Brücke, die über den trockenen Stadtgraben führt, streckt Jahr um Jahr eine blinde Greisin den Spazierengehenden bettelnd ihre Hand entgegen. Rechts verläuft eine niedrige Steinmauer, in der Mitte der Sandweg für die Fuhrwerke und Kutschen.

3 Frankfurt am Main, Spazierweg vor dem Gallentor, um 1800

Die Häuser der wohlhabenden Handelsleute und des Stadt-adels tragen klangvolle Wappennamen. Frau Bethmann-Metzler wohnt in der grünen Burg vor dem Friedberger Tor, Gontard-Wichelhausens im Mohrenkopf hinter dem Römer, Frau Rätin Goethe im Haus »Zu den drei Lyern«. Den Stadtpalästen des Adels nachgebildet, haben die Bürgerhäuser des 18. Jahrhunderts mit dem wachsenden Reichtum der Kaufleute auch deren verschwenderische Pracht und Repräsentativität übernommen. Das Haus ist der Mittelpunkt des Lebens. Öffentliche und private Sphäre wachsen zu einem lebendigen Individuum zusammen, das von den Bedürfnissen seiner Bewohner ebenso geprägt wird wie diese durch die Bauweise des Hauses und der Treppen, die Anordnung der Zimmer, Kammern, Vestibüle und Cabinette. Das luxuriöse Interieur verbindet geschickt Intimität mit Gastlichkeit, es ist die komplementäre Fortsetzung des Kontors, sozusagen seine familiäre Seite.

»Der Frankfurter; bei dem alles Waare ist, sollte sein Haus nie anders als Waare betrachten.« Goethe, der geborene Frankfurter, musste es wissen. In seinem Vaterhaus am Hirschgraben befand sich die größte Sammlung Frankfurter Gesetzestexte des kaiserlichen »gemeinen Landrechts«. Die städtischen Angelegenheiten regelt das römische »corpus iuris civilis«. Seit 1372 liegen Finanzhoheit, Gerichtsbarkeit und städtische Verwaltung in den Händen des Stadtadels, aus dem alljährlich der Stadtrat gewählt wird.

Frankfurt gehörte nur sich und dem Kaiser. Man verstand sich als ständische Bürgergesellschaft, gegründet auf peinliche Gesetzespflege und unerschütterliches Selbstgefühl.

Den ersten Stand stellen die Familien des Stadtadels, kaiserliche Räte, Priester, Professoren aller Fakultäten, die am

Kornmarkt, Hirschgraben, Rossmarkt, Zeil und Großer Gallengasse wohnen. Dem zweiten Stand gehören Großkaufleute, Ärzte, Richter an, zusammen vielleicht 200 Familien, rund vier Prozent der Bevölkerung. Zum dritten Stand zählen Notare, Procuratoren, Künstler, wohlhabende Krämer und Kleinkaufleute.

In keiner anderen Stadt haben sich die Lebensweisen des ersten und zweiten Standes so auffällig angenähert wie in der Reichsstadt Frankfurt. Mit ihren weit ausladenden Stammbäumen, ihrer vornehmen Erziehung, ihren dynastischen Eheschließungen, ihren gehobenen Wohnansprüchen bleiben vor allem die zugezogenen Großkaufleute aus Holland, Italien und Frankreich ebenso unter sich und behaupten zu den alteingesessenen Handelsbürgern dieselbe exklusive Distanz wie die Adelsfamilien. Ohne zu murren, zahlen sie das Zehnfache des Bürgergelds. Was die neuen von den alten reichsstädtischen Eliten unterscheidet, ist ihr Stolz, Reichtum und Rang nicht dem Vasallendienst ihrer Vorfahren an Königs- oder Fürstenhöfen verdanken zu müssen, sondern eigener Arbeit, zähl- und messbar in klingender Münze.

Hölderlin hat an Frankfurt keine lebendige Erinnerung zurückgelassen. Die Erfahrung der äußeren Welt ist ihm selten eine Mitteilung wert. Von den Feuern in der Fahrgasse hinunter zum Fahrtor, wo die Hufschmiede ihre Werkstätten haben und der Spaziergänger mit einem kleinen Schritt, ihnen ausweichend zur Gassenmitte, im kotigen Morast der Abwasserrinnen steht, von den Handelsschiffen, die Mast an Mast im Hafen bis zum Steinernen Wehr liegen, dem riesigen Hafenkran, der knarrend Fässer, Ballen, Hölzer und Kisten auf die wartenden Fuhrwerke lädt, hat er nichts be-

richtet, und nichts von dem beißenden Gestank der Tier-
häute, den giftig aufschäumenden Farbrückständen, die der
Fluss vom gegenüberliegenden Ufer in Sachsenhausen mit-
nimmt, wo die Gerber, Töpfer und Färber wohnen. Kein
Wort von der Stadt, in der er fast drei Jahre leben wird, in
der jedermann wusste, wohin er gehört, in der jede Gasse,
jedes Viertel eine eigene Welt bildete aus Gerüchen, Tönen,
Stimmen.

Arbeits- und Wohnort waren auch beim vierten Stand
eins, den Handwerkern, Handelsdienern und Krämern. Sie
haben ihre Werkstätten und Wohnungen vor allem im Be-
reich der Stadttore und in den Nebengassen, wo die Häuser
noch aus hölzernem Fachwerk gebaut sind. Den fünften
Stand bilden schließlich die Kutscher, Fuhrleute, Tagelöh-
ner, Dienstboten, Beisassen ohne eigenes Haus und darum
ohne Bürgerrechte. Die 3000 Frankfurter Juden lebten außerhalb der Ständeordnung in der östlichen Altstadt, dem
bevölkerungsreichsten Viertel, wo die mittelalterlichen Haus-
kragen fast aneinanderstoßen und die engen Gassen in ewiges feuchtes Dunkel sperren. Ende des 18. Jahrhunderts mussten die Israeliten keine Erkennungsringe mehr tragen, durften aber nur zu zweit auf den Straßen gehen. Ihr Alltag war
besonders streng nach »Stättigkeiten« geregelt. Den Römerberg und die öffentlichen Anlagen, die Bäder, die Clubs des
Adels und des Handelsstandes zu betreten war ihnen strengs-
tens verboten.

Neben dem Judenghetto war auf dem Fischerfeld seit
1788 eine große Baustelle, hier entstand ein ganz neuer Stadt-
teil, zwischen Schützen- und Maingasse und Mainufer in
Höhe Schöner Aussicht gelegen. Mit seiner Fertigstellung
ist ein erster Schritt zur Auflösung der mittelalterlichen Stadt

gemacht. Wohn- und Werkstätten verteilen sich dann auf verschiedene Stadtviertel, bis schließlich in ferner Zukunft die Bürotürme das zivile Leben endgültig aus der Innenstadt in die Peripherie abdrängen.

Jetzt quillt das alte Frankfurt noch gegen die Umklammerung der sternförmigen Festungswerke, die es von alters her zusammenhalten. Vierzigtausend Menschen, auf zwölf Quartiere verteilt, die von Bürgerkapitänen regiert werden. Immer dumpfer und drohender rücken die inneren Gässchen zusammen, als schnürte Europas berühmteste Handels- und Messestadt sich selbst die Luft ab.

Immer selbstbewusster drängen die Gartenhäuser der reichen Kaufleute, die Dörfer Eschersheim, Bornheim von außen gegen die Ringanlagen. Nicht von innen nach außen wird die Stadt in den nächsten Jahrzehnten wachsen wie andere Städte, sondern allmählich von ihrer Peripherie verschluckt werden. Keine Manufakturen, keine Bordelle, auch nicht den Handel mit ausländischen Waren außerhalb der Messen duldeten die Stadtoberen in ihren Mauern. Noch 1781 hatten die Frankfurter Bürger zur Förderung des allgemeinen Fortschritts dem Rat den Plan einer »Akademie der freien, schönen, bildenden Künste und nützlichen Wissenschaften« überreicht, unterzeichnet überwiegend von den Freimaurern unter den Kaufleuten, den Herren Sarasin, Passavant, Gogel, Schönemann, Brevillier, Schweitzer, Brönner, du Fay, Metzler, von Leonhardi u. a. Sie forderten auch, ebenfalls erfolglos, die Einführung von Manufakturen. Bald werden die Maschinenwerkstätten in der Umgebung Bauernkinder aus den Dörfern und brotlose Wandergesellen anziehen, die ländliche Wohnungsnot wird durch Neuansiedlungen die Dörfer allmählich verstädtern, die Fabriken wachsen lassen, bis die städtischen Zünfte schließlich dem Konkurrenzdruck der billigeren Industrieproduktion unterliegen müssen. Nicht anders war die Reichs- und Krönungsstadt der deutschen Kaiser seit dem sechzehnten Jahrhundert zur europäischen Hauptstadt des Geldes und des Handels geworden. Weil sie über Jahrhunderte alles Ausländische streng ausschloss, kamen schließlich die Fremden aus aller Herren Länder in Scharen zu ihr herein. Die halbjährlichen Handelsmessen machten aus der Stadt beschränktester Zunftpolitik einen der berühmtesten Handelsplätze der Welt.

Die ersten Messegäste treffen Mitte März ein. Gontard hat nun fast täglich Geschäftsfreunde bei sich. Die Unruhe im Haus und die ersten warmen Sonnenstrahlen treiben Hölderlin am frühen Morgen, sobald die Stadttore geöffnet werden, hinaus in die Felder.

Beschränkt auf die vormittäglichen Pflichten des Hofmeisters, kann er in der übrigen Zeit sich selbst leben. Früher in Tübingen, als Student am theologischen Stift, hatte er sich an den Markttagen in seiner Stube eingeschlossen, um nicht zum Geldausgeben verleitet zu werden, sich in seine Bücher vergraben und nachts die Sterne des nördlichen Himmels betrachtet, Orion, Kassiopeia, Castor und Pollux, die aufsteigenden Dioskuren, bei denen er mit dem ein Jahr älteren Neuffer, theologischer Stipendiat des württembergischen Konsistoriums wie er selbst, von literarischem Ruhm träumte, während die andern schliefen.

Geld hat er nun genug, einschließen muss er sich nicht mehr. Doch hat er sich angewöhnt, sparsam zu leben. Die Hälfte des Jahresgehalts könnte er zurücklegen, um damit dem jüngeren Halbbruder sein Studium zu finanzieren. Karl hat eine Begabung, die ihn zu Höherem als der Stellung eines schwäbischen Amtsschreibers befähigt.

Da erreicht ihn im März, einige Tage vor seinem sechsundzwanzigsten Geburtstag, der lange erwartete Musenalmanach für das Jahr 1796, für den Neuffer und er Gedichte eingeschickt haben. Von Hölderlin ist »Der Gott der Jugend« abgedruckt. Die »Geister der Titanen« hatte er darin besungen und die vom Frühling verjüngte Erde.

Doch so ungeduldig er sich gedruckt sehen wollte, so gelassen nimmt er es nun. Auch dass ein Berliner Rezensent den »vielumfassenden Titanengeist« des H. Hölderlin für so unbegreiflich hielt, dass wahrscheinlich nur der Verfasser selbst wisse, was gemeint sei, kann er verschmerzen. »Übrigens ist es ziemlich unbedeutend, ob ein Gedicht mehr oder weniger von uns in Schillers Allmanache steht. Wir werden doch, was wir werden sollen, und so wird dein Unglük Dich so wenig kümmern, wie meines.«

Neuffer schreibt er, als spräche er mit sich selbst: »Sei glüklich, Lieber! Und nehm es gedultig an, wenn bei großer Freude großer Schmerz ist! – «

Noch immer verbringt er halbe Nächte über seinen philosophischen Briefen.

Er ist überzeugt, »auch in einem beschränkten Leben kann der Mensch unendlich leben«. Aber dieser höhere Zusammenhang besteht bis jetzt nur in der Theorie, »und wir haben wirklich aus den feinern unendlichern Beziehungen des Lebens zum Theil eine arrogante Moral zum Theil eine eitle Etikette oder auch eine schaale Geschmaksregel gemacht, und glauben uns mit unsern eisernen Begriffen aufgeklärter, als die Alten, die jene Verhältnisse als religiose das heißt, als solche Verhältnisse betrachteten, die man nicht so wohl an und für sich, als aus dem Geiste betrachten müsse, der in der Sphäre herrsche, in der jene Verhältnisse stattfinden.« Am Tübinger Stift, vor fünf Jahren, hatte er mit Fritz Hegel und Fritz Schelling, später kam noch der Homburger Sinclair dazu, ihren »Bund der Geister« gegründet und sich feierlich verschworen auf die Ideen von Freiheit und Brüderlichkeit, die von Paris herüberschwappten. Homer und Sokrates waren ihre Meister, und Magna Graecia, das Land der alten Griechen, ihr Vaterland des Geistes. Eine »höhere Aufklärung« sollte künftig an die Stelle der alten religiösen Vorstellungen treten, an die jedermann freiwillig gebunden gewesen war. Willkürliche Gesetze waren »doch immer nur die Bedingungen, um jenen Zusammenhang möglich zu machen, und nicht der Zusammenhang selbst«. Die moderne Philosophie und Kunst müsste sein wie die alte Mythologie, stellten sie fest, sinnlich gewordene Vernunft, die auch das Volk verstünde. »Weder aus sich selbst allein, noch einzig aus den Gegenständen, die ihn umgeben, kann der Mensch erfahren, daß mehr als Maschinengang, daß ein Geist, ein Gott, ist in der Welt, aber wohl in einer lebendigeren, über die Nothdurft erhabnen Beziehung, in der er stehet mit dem was ihn umgiebt.« Woraus notwendig folgt, dass demnach jeder seinen eigenen Gott hat, »insoferne jeder seine eigene Sphäre hat, in der er wirkt und die er erfährt«, und dass die Menschen der modernen Zeit darum auch verschiedene Vorstellungen vom Göttlichen haben müssen, weil jeder in den Beschränkungen seiner eigenen Sphäre lebt. Warum sollte jene vorsokratische Idee des *sphairos*, von dem der sizilische Naturphilosoph Empedokles etwa um 430 v. Chr. gesagt hatte, dass in seiner Kugelform alle Dinge unter der Herrschaft der Liebe, *philia*, zu einem Weltganzen werden, nicht auch in menschlichen Gesellschaften gelten.

»Es muss aber hiebei nicht vergessen werden, daß der Mensch sich wohl auch in die Lage des andern versezen, daß er die Sphäre des andern zu seiner eigenen Sphäre machen kann, daß es also dem einen, natürlicher weise, nicht so schwer fallen kann, die Empfindungsweise und Vorstellung zu billigen von Göttlichem, die sich aus den besondern Beziehungen bildet, in denen er mit der Welt steht – wenn anders jene Vorstellung nicht aus einem leidenschaftlichen übermüthigen oder knechtischen Leben hervorgegangen ist.«

Warum also sollten nicht gegensätzliche Lebensweisen und Vorstellungsarten in einer gemeinschaftlichen Sphäre, die Sphären wiederum in einem harmonischen Ganzen zusammengefasst werden können? Freilich würde das voraussetzen, dass jeder so, wie er lebt und denkt, dies aus freier Wahl tut und nicht aus knechtischer Unterwerfung unter ein Schicksal oder Gesetz. Nur so wird er wünschen lernen, »sich einander zuzugesellen und so der Beschränktheit, die jede einzelne Vorstellungsart hat und haben muß, ihre Freiheit zu geben«.

Nun ja, jeder hat den Gott, den er begreift, Jakob Gontard hat seinen und Friedrich Hölderlin wohl einen anderen. Gontards Bedürfnis, sich in die Lage seines philosophierenden Hofmeisters zu versetzen, musste naturgemäß gering sein.

Auf der Baustelle der Barfüßerkirche, die wegen Baufälligkeit 1789 abgerissen und an derselben Stelle neu errichtet wurde, stocken die Arbeiten seit Ausbruch des Krieges vor vier Jahren. Der mächtige Baukörper, im Grundriss dem elliptischen Pantheon nachgebildet, dem römischen Tempel des Agrippa, war gerade noch unter Dach gebracht worden, es fehlten die Stiegenhäuser, leer starrten die Fensterhöhlen auf den geräumigen Platz an der Neuen Kräme. Jeden Morgen Punkt acht Uhr begibt sich Jakob Friedrich Gontard zum Handelshaus. Sein Prokurist Kling und Jakobs älterer Bruder Franz lesen Korrespondenzen, prüfen die Courantlisten mit den Wechselkursen, berechnen Zins und Zinseszins. Der Ausbruch der Revolution in Paris hatte den Bruder Franz Gontard fast um den Verstand gebracht, befallen von einer teils lähmenden, teils rasenden Melancholie, die erst im vorigen Jahr allmählich beruhigt wurde, nachdem man den Kranken im Bethmann'schen Gartenhaus, der grünen Burg, von aller Gesellschaft entfernt hatte.

Gegen zwölf geht Jakob Gontard hinüber zur Geld- und Warenbörse neben dem Römer. Jeder Frankfurter Großkaufmann war zugleich Bankier, der die Währungen der in Kommission genommenen Waren jeweils wechseln musste. Frankfurt hatte als unabhängiger Reichsstand eine eigene Währung, die der österreichisch-bayrischen Münzkonvention von 1753 beigetreten war. Nicht alle Währungen durften eingeführt werden, nur »gutes Geld«, das den vorgeschriebenen Gehalt an Silber enthielt. Das Grund- und Richtmaß des Münzmeisters war die Kölnische Mark. Ihr Gewicht entsprach etwa 234 Gramm, aus einer Mark Silber wurden in Frankfurt 10 Taler geprägt. Ein Taler waren 2 Gulden, nach heutiger Kaufkraft etwa 200 Mark. Die kleinste Silbermünze war der Kreuzer, ein Taler zu 120 Kreuzern, der Kreuzer zu vier Hellern.

37

4 Stadtansicht Frankfurt am Main,
Neue Kräme/Liebfrauenberg, um 1800

Nach Börsenschluss um drei kehren die Handelsherren zum Mittagessen in ihre Häuser zurück, zum Weißen Hirsch Jakob und zum Mohrenkopf Franz. Bis zum Nachmittagstee gehört Suzette ihrem Gatten, danach gehört Jakob dem Kartenspiel im Haus Braunfels und kehrt erst spät am Abend zurück.

Im April, die Frühjahrsmesse hat eben begonnen, ziehen in endlosen Reihen die Geleitzüge der Kaufleute in die Stadt, die jetzt das Doppelte an Menschen und Wagen aufnehmen muss. Jedes Haus ist bis unters Dach vermietet, die Gasthöfe und Kaffeehäuser sind überfüllt. Auf dem Römerberg werden die Messläden aufgebaut, die hölzernen Buden dicht an die Häuser gerückt, damit die Fuhrwerke durchkommen, so dass nur noch ein schmaler Gang vor den Hauseingängen freiblieb. Fahrende Geschichtenerzähler, Gaukler und Theatergruppen schlagen ihre Bühnen auf. Für zwei Wochen ist Frankfurt ein riesiges Kaufhaus. Täglich sind nun »Bälle, Vauxhalls, Concerte, Schauspiele, wo sich manche Reichsfürstin nicht sehen lassen dürfte, ohne von der Kaufmannsfrau neben ihr verdunkelt zu werden«, wie ein Durchreisender 1792 beobachtete.

Auf seiner Reise nach Leipzig ist Hölderlins Stuttgarter Freund Friedrich Schelling auf ein paar Tage nach Frankfurt gekommen. Sie schieben sich, zwei junge Herren in schwarzen Bürgerröcken, durch das Gedränge auf dem Römerberg. Der Duft von Kaffee und Tee aus Surinam und Dominique steigt in ihre Nasen, von Tabak aus Baltimore, Zucker aus Havanna, Gewürzen und Arzneipflanzen aus Westindien. Händler rufen ihre Preise in die vorbeiwogende Menge, Musikanten spielen, Zeitungskolporteure schreien Neuigkeiten aus. In den Arkaden der Römerhallen stehen die Tische der Gold- und Silberschmiede und der Juwelenhändler, in der Buchgasse die Buchhändler mit ihren Messkatalogen. Auf dem Liebfrauenberg glänzen venezianisches Glas und indische Seiden, Damast, Brokat in der Frühlingssonne. Am Rossmarkt breiten die Italiener Bänder und Borten, Florentiner Spitzen, Mailänder Seiden, Knöpfe, Schuhschnallen, Hutfedern vor den Augen der promenierenden Damen aus.

Madame Gontard sieht und hört von alldem nichts. Sie zählt die Töpfe mit dem eingelegten Meerrettich, ob sie noch für zwei Wochen reichen, stellt zusätzliches Personal ein, bespricht mit der Köchin den Speiseplan, ordnet an, berechnet, besucht abends mit den Geschäftsfreunden ihres Mannes in großer Toilette die Komödie, eine Gefangene des Hauses, dessen Schlüsselgewalt ihr anvertraut ist.

Immer wieder in diesen ersten Monaten verliert sich die Spur ihres Daseins in dem Allgemeinen, dem sie angehört. Viel später erst wird sie mit eigener Stimme sprechen, in ihren Briefen an den lieben Entfernten. »Ich fühle es immer mehr ich passe zu den weltlichen Verhältnissen nicht, und tuhe besser, mit meiner stillen Seele allein zu leben.«

Noch lebt sie ganz in ihrer Welt, für die sie erzogen, auf die sie von Kindheit an vorbereitet wurde. Ihr Urgroßvater Alexandre Bruguier, Sohn eines reformierten Seidenhändlers aus Nîmes, hatte sich um 1702 in Hamburg niedergelassen und Anne-Marie Boué, eine Kaufmannstochter aus dem Bordelais geheiratet, die mit ihren Brüdern Pierre und Jacques gleich ihm aus dem katholischen Frankreich geflohen war, nachdem ein königliches Edikt die Ausübung des calvinistisch-reformierten Glaubens unter schwere Strafe gestellt hatte. Anne-Maries ältester Sohn, Suzettes Großvater Jean Alexandre Bruguier, nahm 1739 eine der Töchter des Frankfurter Gold- und Silberwarenhändlers Marc André Sarasin zur Frau; ihre Schwester wurde Jakob Gontards Großmutter.

Von Jean Alexandres Kindern überlebten nur Pierre Alexandre und Suzanne, die 1768 in Hamburg den viel älteren Kommerzienrat und Gelegenheitsschriftsteller Heinrich Borkenstein heiratete, Suzettes Vater. Sie bekamen drei Töchter und einen Sohn, Henry, der von Hauslehrern erzogen und zum Kaufmann ausgebildet wurde und seit einigen Jahren in Hamburg eine Weinhandlung betrieb, während es für Suzette und ihre Schwestern Amalia und Louisa genügen musste, unter der mütterlichen Aufsicht schreiben und lesen, nähen und sticken und etwas Hauswirtschaft zu lernen.

Die Hamburger Frauen teilte ein Zeitgenosse in zwei Arten, die »hausfrauliche« und die »feinfrauliche«. Die eine waltet in ihrem Haushalt mit unerbittlicher Energie über Mägde, Kinder, Küche und Kutscher. Die andere, die feinfrauliche Hamburgerin, »durch elterliche Zärtlichkeit und die Erlernung der schönen Künste gewöhnt, ihr Glück in der Bewunderung zu suchen«, spielt »das Clavier himmlisch, singt mit einer Engelsstimme, malt Landschaften zum Küssen«. Die gewöhnlichen Urteile über die Hamburgerinnen der höheren Stände waren alles andere als schmeichelhaft. »Diejenige, die ein ziemlich verdeutschtes Französisch parlierte, einige Opernarien auf dem Flügel klimpern konnte und zur Noth die Pointe eines Epigramms verstand, ward unter die sehr gebildeten Frauenzimmer gezählt.«

In Mamsell Borkenstein schienen das feinfrauliche und das hausfrauliche Element in schönster Harmonie verbunden. Mit siebzehn Jahren wurde Susanne Borkenstein, genannt Suzette, mit ihrem fünf Jahre älteren Frankfurter Cousin Jakob Friedrich Gontard verheiratet.

Suzette hätte es, nach den Begriffen ihrer Zeit, nicht besser treffen können. Sah man von der kleinen Augenverletzung ab, die sich Jakob bei einem Reitunfall in jungen Jahren zugezogen hatte, war er ein gutaussehender Mann und von bester Erziehung, französisch reformierten Glaubens wie die Bruguiers und Boués und einer der reichsten Tuchhändler Frankfurts. Die Firma J. F. Gontard & Söhne besaß in den neunziger Jahren ein Warenlager im Wert von 618 216 Franken, mit Abstand das größte Frankfurts.

Da Suzettes Vater nicht mehr am Leben war, ging die mütterliche Vormundschaft bis zur Volljährigkeit an Jakob Gontard über. Im sogenannten Ehe-Zarter wurden detaillierte Bestimmungen über Güterverteilung und Erbrecht vertraglich nach geltendem Hamburger Stadtrecht festgelegt. Die Ehe war als sittliches Verhältnis zu achten. Bei Ehebruch verlor der schuldige Partner sein Eigentum und Erbrecht an allen Gütern, auch dem in die Ehe mitgebrachten Dotalgeld.

Elf Monate nach der Hochzeit wird Jakob und Suzette das erste Kind geboren, Friedrich Heinrich Gontard, genannt Henry. Zwei Jahre später kommt Henriette zur Welt, in Abständen von anderthalb Jahren folgen Johanna Helene und Friedrica Amalia, die kleine Maly. Die ersten Jahre ihrer Ehe wohnen sie auf dem Landgut des Herrn von Bassompierre, eines reichen Frankfurter Gold- und Silberwebwarenfabrikanten, in Oberrad. Da gab es neben dem Garten eine einträgliche Landwirtschaft, die das Schöne mit dem Nützlichen verband, wie Suzette es von den Hamburger Gärten kannte. Henry und Henriette wuchsen auf zwischen Kühen, Pferden, Gänsen, Obstgärten und Wiesen, bis Jakobs Handlungsgeschäfte eine Stadtwohnung notwendig machten. Mit ihren nunmehr vier Kindern beziehen sie einen Flügel des weitläufigen Hauses am Hirschgraben, das Jakobs Großvater Jakob Friedrich Gontard-Sarasin 1753 erworben hatte und dessen untere Etagen von Jakobs Onkel Johann Heinrich und dessen Frau Henriette Gontard-du Bosc bewohnt wird.

Hölderlin hat gute Nachricht von seinem Stuttgarter Verleger. Cotta will mit dem Druck des »Hyperion« für die Herbstmesse 96 beginnen, wenn das ursprünglich auf zwei Bände angelegte Manuskript auf einen Band zusammengestrichen würde.

Erhoben von einer Woge der Zuversicht, schreibt ihm Hölderlin am Pfingstsonntag zurück. »Ich habe die sichre Hoffnung, daß Ihnen die Sache nicht ganz liegenbleibt, wenn ich anders von den einzelnen Urteilen, die mir über ein Fragment des Buchs, das noch in der Thalia eingerükt ist, zu Ohren gekommen sind, auf die Aufnahme des Publikums überhaupt schließen darf.«

In zwei Monaten werde das Ganze fertig sein. Dafür müsse ihm Cotta das eingereichte Manuskript noch einmal zurückschicken; das Honorar von 100 Gulden werde er auch für den Fall akzeptieren, dass sich die Bogenzahl erhöhen sollte, das Buch also mehr Seiten haben würde als verabredet. Er sagt Cotta auch gleich, wohin er das Geld schicken soll, nämlich nach Nürtingen zur Mutter. Er schuldet ihr noch die hundert Gulden für den Pelzrock und die englischen Stiefel.

Am dritten Pfingstfeiertag ist das Haus am Hirschgraben wie ausgestorben, die Stadt menschenleer. Alles hat sich im Stadtwald um Tische und Bänke versammelt. Es ist Wäldchestag, eine Art Frankfurter Nationalfeiertag. Friedlich vereint um Würste, Bier und Naschwerk mischt sich das Volk mit den höheren Ständen, sitzen Arme und Reiche um grobe hölzerne Tische, spielen die Stadtmusikanten zum Tanz, wo sonst den niederen Ständen das Betreten nur mit amtlichem Holzzettel zum Sammeln von Reisig erlaubt ist.

Hölderlin bleibt allein im Haus zurück. Er ordnet seine Entwürfe. Deutschlands Töchtern hatte er, nach seiner ersten Idee, den Briefroman zugedacht. Vier Jahre seines Lebens lagen in Bruchstücken vor ihm. Sein Schicksal als Dichter hatte er an diesen Roman gehängt. »Ich bin vest entschlossen, von der Kunst zu scheiden, wenn ich mich auch hierüber am Ende auslachen muß.«

Sein Held Hyperion war im ersten Entwurf, dem *Thalia-Fragment*, ein Träumer und Wahrheitssucher, der stattdessen die Liebe fand. Die Handlung spielt um 1770, zur Zeit des russisch-türkischen Krieges, in Kleinasien, das schon im Altertum der zahlreichen kriegerischen Okkupationen durch die Türken und Perser wegen als Grenzland zwischen Abendland und Morgenland, Okzident und Orient galt. Dort wächst der Grieche Hyperion unter der türkischen Fremdherrschaft auf; in Smyrna verlebt er seine Jugendjahre. Mit seinen Freunden, unter ihnen das Mädchen Melite, schwärmt er in »Homers Grotte« von der Größe griechischer Poesie, »von Sappho und Alcäus, und Anacreon«.* Doch weder in der gealterten Welt Hellas', zwischen den Ruinen einer einstmals glänzenden Kultur, findet der junge Grieche »die stillen Höhen des Wahren und Ewigen« noch in der

5 Portrait Suzette Gontard

Gegenwart seines geknechteten Volkes. Umso heftiger sucht Hyperion nach sich selbst. Zurückgekehrt von einer Reise nach Troja mit dem Freund Adamas, ist das Mädchen verschwunden. »Von nun an konnt' ich nichts mehr denken, was ich zuvor dachte, die Welt war mir heiliger geworden, aber geheimnisvoller. Neue Gedanken, die mein Innerstes erschütterten, flammten mir durch die Seele.«* Und so hatte sein Held alle Stufen der Bildung und der Lebensreife durchlaufen, war auf der Suche nach Wahrheit zum Jüngling, auf der Suche nach Liebe zum Mann geworden wie er selber, und in der »Schule des Schiksaals«, wie er selbst, zum Zweifler.

Für die ersten fünf Briefe des *Thalia-Fragments* hatte Hölderlin sich zum Vorbild der jungen Griechin Melite ein Tübinger Mädchen genommen, in das er verliebt war, die schöne und stolze Tochter des Universitätsdekans Lebret.

Soweit war die Sache gediehen, als er 1793 bei der Majorsfamilie von Kalb in Waltershausen, an der fränkisch-hessischen Grenze, ein Jahr nach den theologischen Examen eine Stelle als Erzieher antrat und in Gesellschaft der gelehrten Charlotte von Kalb gewissermaßen seine poetische Existenz gründete. Aber seine Heldin Melite passte nicht mehr auf die schwermütige Grüblerin mit den großen dunklen Augen, die wie er an der gesellschaftlichen Rohheit und Verachtung ihrer Zeit litt und Zuflucht suchte in den Träumen der Vernunft wie er. Charlotte konnte ihm wohl »ihr Gutes und Schönes und Wahres«, aber nicht erklären, was Liebe sei. Sie liebte ja Friedrich Schiller, den Dichter des *Dom Carlos* und der *Räuber*, der als Geschichtsprofessor in Jena einem langsamen Tod entgegenlebte. Ihn liebten beide. Das machte ihm seine Stellung im Hause nicht leichter.

Hinzu kamen Störungen atmosphärischer Art, das zwanghafte Onanieren seines siebenjährigen Zöglings, die Gegenwart der jugendlich schönen Witwe Wilhelmine Marianne Kirms, die der Majorsfamilie den Haushalt führte.

Frau von Kalb half ihm noch, das Romanfragment in Schillers Zeitschrift zu veröffentlichen, schickte ihn Anfang November mit dem Kind nach Jena und zog sich Anfang Dezember 1794 in ihre alte Weimarer Wohnung an der Esplanade zurück. Anfang Januar empfing Hölderlin den Abschied. Man trennte sich freundschaftlich nach gut einem Jahr. Beide Frauen waren schwanger.

Nach seiner Entlassung hatte sich Hölderlin an der jenaischen Universität eingeschrieben. In dieser Hochburg des philosophischen Idealismus, wo der Königsberger Philosoph Immanuel Kant als »der Moses unserer Nation« verehrt wurde, diesem Räubernest jakobinischer Freiheitsjünger, in dem sich Männerbünde der Freiheit und Humanität verschworen und verfeindete Studentenorden nächtens die Fenster einwarfen, in dieser Hauptstadt der Denunzianten und Demagogen war gerade ein junger Philosoph namens Johann Gottlieb Fichte angekommen, aus einem armen Leinenweberdorf in Sachsen stammend. Mit seinen ersten Vorlesungen über »die Bestimmung des Menschen« entthronte er im Handstreich den alten Kant, entvölkerte den Himmel der Theologen und postulierte das Ich als höchste Instanz von Recht, Gesetz und sittlicher Ordnung.

Hölderlin war zerrissen zwischen den »Höllengeistern« der atheistischen Vernunftprediger, die sich um Fichtes Privatvorlesungen scharten, und den Träumen seiner hyperionischen Liebesreligion. »… der Glaube meines Herzens, dem so unwidersprechlich das Verlangen nach ewigem, nach Gott gegeben ist«, fand in dem hitzigen intellektuellen Klima Jenas weder Ruhe noch Befriedigung. Er konnte sich in die Welt nicht finden, wie er sie dort vorfand, so götterlos. Sollte sein Schelling recht haben, dessen Genius gerade am philosophischen Horizont aufzusteigen begann, waren die Götter gestorben, war der Himmel für immer geschlossen, nachdem Christus, der letzte Gott, den griechischen Olymp samt Zeus und seiner unübersichtlichen Nachkommenschaft entvölkert hatte?

Mochte der Philosophengeist die Welt auf den Kopf stellen und das Fichte'sche Ich nun den Menschen von allen Übeln erlösen, nachdem die geoffenbarte Religion es nicht vermocht hatte: Von seinem Himmel konnte Hölderlin nicht lassen. Hyperion verließ die Haine der Philosophie, wie sein Verfasser nach vier Monaten Jena. Sei es, dass er die falschen Freunde zum falschen Zeitpunkt hatte oder dass ihr ungestümer Freiheitsdrang ihn angesteckt hatte – nachdem ein Protestmarsch der Studenten Ende Mai von weimarischer Polizei und Militär auseinandergeprügelt worden war, entging Isaac von Sinclair, mit dem Hölderlin das Gartenhaus eines Jenaer Buchhändlers bewohnte, nur knapp der Verhaftung. Hals über Kopf flüchtete Hölderlin über die thüringische Grenze nach Württemberg.

Wieder wurde der Romanentwurf umgeschrieben. »Vollbringe, was du denkst«, war nun Hyperions Lebensgesetz. Was sollte sein Held aber vollbringen, wenn er nicht einmal mehr wusste, was er denken sollte.

Wie missmutig, angespannt und resigniert war Hölderlin noch im vorigen Herbst in der kleinen Kammer in Nürtingen, im Haus seiner Mutter gewesen, »abgestorben allem

Mitgefühl«, ohne eigenes Geld, ohne Aussicht auf Selbständigkeit, von ihren Ermahnungen gemartert, endlich eine Vikarstelle bei der Stuttgarter Kirchenbehörde anzutreten, wie Freund Neuffer es längst getan hatte.

An jedem Ort hatte er eine Liebe zurückgelassen. In der Klosterschule Maulbronn die kleine Louise Nast, Tochter des Verwalters, für die er seine ersten Gedichte geschrieben hatte, mit der er Schillers »Kabale und Liebe« mit verteilten Rollen gelesen hatte, in der schönen Laube am Leonberger See. In Tübingen Elise Lebret, die seine Träume von literarischem Ruhm für eine Art Eheversprechen hielt und noch immer geduldig auf seine Rückkehr wartet. Schließlich Charlotte von Kalb, die Zartfühlende und Tiefdenkende, die sein Genie erkannte und bestärkte, wie sie zehn Jahre zuvor den an sich selbst verzweifelnden Schiller bestärkt hatte.

Immer war er vor dem geflohen, was er am heftigsten wünschte.

Irgendwann in diesem Frühling schreibt Hölderlin zum ersten Mal das Porträt der Suzette Gontard. »Nur wenn sie sang, erkannte man die liebe Schweigende, die so ungern sich zur Sprache verstand.« Ihr Anblick war, er konnte es nicht anders nennen, »Gefühl der Vollendung«. Wie ein »dunkler Schleier« umgab ihr dichtes Haar Stirn und Wangen.* Noch ähnelt sie ein wenig den anderen Mädchen und Frauen in seinem Leben. Aber ihre Liebe zu Blumen und Pflanzen, zu alten Büchern, ihre Schlichtheit inmitten von üppigem Wohlstand, ihr Gang, ihre »schlanke Fülle« gehören schon ganz ihr selbst.

Hyperion brauchte jetzt eine irdische Gefährtin, um mit

ihr seinen Himmel zu teilen. So würde es gehen. Ihre Vollkommenheit »besänftigte« sein »wildes Herz«. Er würde nicht mehr davonlaufen.

Aus Melite war in Jena Diotima geworden. Diotima, das war der Name, den der Schriftsteller Platon 383 v. Chr. der Freundin des Philosophen Sokrates gab. Bei einem Gastmahl bespricht sich Sokrates mit seinen Freunden über die Liebe. Nachdem ein jeder seine Ansichten geäußert hat, was Liebe sei und wozu sie dem Menschen wohl nutze, berichtet Sokrates von einem Gespräch mit »Diotima, einer Seherin«: »Sie besaß in der Seherkunst und in vielen anderen Dingen hohe Weisheit, verschaffte einst den Athenern, als sie zehn Jahre vor der Pest opferten, Aufschub der Seuche und lehrte mich die Kunst zu lieben.« Friedrich Schlegel hatte sich 1795 an einer historischen Deutung dieser berühmten Gestalt des klassischen Altertums, zugleich einer kleinen »Geschichte der griechischen Weiblichkeit« versucht. Er bezweifelte die Ansicht der Gelehrten, Diotima müsse eine Hetäre, eine Prostituierte gewesen sein wie Aspasia, die Geliebte des Perikles und Freundin Sokrates', da die bürgerlichen Frauen im griechischen Kleinasien vom öffentlichen Umgang mit Männern ausgeschlossen waren. In einem Aufsatz für die ›Berlinische Monatsschrift‹ »Über die Diotima« stellte der Wortführer der Jenaer Romantiker nun die Behauptung auf, jene Diotima aus Mantinea sei eine Philosophin wie Theano, des Pythagoras' Begleiterin, oder eine Dichterin wie die Sappho aus dem Kreis der Pythagoreer gewesen, »in welcher sich die Anmut einer Aspasia, die Seele einer Sappho, mit hoher Selbstständigkeit vermählt, deren heiliges Gemüt ein Bild vollendeter Menschheit darstellt«.

Die Pythagoreer waren ein politischer Geheimbund, gegen Ende des 6. Jahrhunderts v. Chr. von dem Gelehrten Pythagoras gegründet, der sich mit mathematischen, physikalischen und religiös-philosophischen Studien befasste und gegen den attischen Demokratismus für die Herrschaft einer Geistesaristokratie auftrat. Ihre Anhänger waren zahlreich, ihre Ideen verbreiteten sich zuerst in Süditalien und, nach ihrer Verfolgung und Hinrichtungen Tausender ihrer Anhänger, bis nach Kleinasien. Ihre Lebensregeln verboten den Genuss von Fleisch und üppigen Speisen und rieten zu Mäßigung und Askese in allen sinnlichen Genüssen, einschließlich der sexuellen. Auch wusste man über den pythagoreischen Bund, dass Frauen und Männer gleiche Erziehung und gleiche Rechte genossen und er eine Reihe bedeutender Philosophinnen und Dichterinnen hervorgebracht hatte. In der Kosmologie der Pythagoreer war das Weltgebäude aus Sphären errichtet, die nach mathematischen Gesetzen in ewiger Harmonie zusammenschwangen, Musik der Sphären.

Das war nun eine würdige Freundin für Hyperion. Ein erhabener Geist wie ihrer, in dem Vernunft und Weiblichkeit so schön verbunden waren, konnte wohl auch vom Gemüseputzen erhaben sprechen oder vom Feueranmachen. Der ganze Stoff zum Roman wird in den nächsten Monaten noch einmal umgearbeitet, die Nürtinger und Frankfurter Entwürfe werden mit den Jenaer Vorstufen verbunden. Diotima spricht von nun an mit ihrer, mit Suzettes Stimme; »ich denke mir die Welt am liebsten«, erklärt sie, »wie ein häuslich einig Leben, wo man ist, als sänne man vorher einzig darauf, sich ineinander zu schiken«. Noch zweifelt Hyperion, ob so viel Genügsamkeit seinen hochgespannten Träumen reichen könne. Aber Diotimas Theorie scheint einiges für sich zu haben, ist sie doch um eine einzige allverbindende Mitte errichtet – die Welt als Ein Haus, in dem sich die getrennten Sphären der Menschen harmonisch vereinigen.

»Auch wir sind also Kinder des Hauses«, erwidert Hyperion zweifelnd, »sind es und werden es seyn?« Und Suzette-Diotima antwortet: »Werden ewig es seyn … Ich vertraue, fuhr sie fort, hirinnen der Natur, so wie ich täglich ihr vertraue.«*

Was bedeutete es da schon, dass sie seinen Himmel auf ihre Erde holt. Diotima ist die Wirklichkeit des Gedankens, lebendige Gegenwart. Er hat sie ja täglich vor Augen, seine Frankfurter Griechin, die Hausherrin im Weißen Hirsch, Hüterin des Herdfeuers, Herrscherin über Tiegel, Töpfe, Truhen und Kammern, Mägde, Gärtner und Kutscher, Katzen und Kanarienvögel, vier Kinder und – zwei Männer.

DIOTIMAS BÄUME

Ein Sonntag im Frühsommer 1796, morgens halb neun. Gontard sieht auf Pünktlichkeit. Suzette kommt zum Morgentee herunter, dann folgen Helene, Jette, Henry und das Kindermädchen Marie mit der vierjährigen Maly an der Hand. Als letzter Hölderlin, der vom Spaziergang zurück ist.

Gontard liest wie jeden Morgen sein *Journal de Francfort*. Es gibt schlechte Nachrichten. Wie zu befürchten war, hat Österreich am 17. Mai den Waffenstillstand aufgekündigt. In Straßburg wird stündlich die Ankunft des Generals Moreau erwartet. Eine französische Offensive steht unmittelbar bevor. In Mannheim, Mainz und Frankfurt sind Tausende Soldaten Tag und Nacht beim Ausbau der Festungsanlagen eingesetzt. Seitdem Preußen aus der Koalition ausgeschieden ist, liegt die Hauptlast der Verteidigung der europäischen Monarchien bei den Österreichern. Anfang September 1795 hatte General Jourdan mit seinen Truppen den Niederrhein überschritten und die Österreicher hinter die Lahn zurückgedrängt. Dort zeichnet sich nun, beinahe vor den Toren Frankfurts, ein neuer Kriegsschauplatz ab.

Um neun Uhr bricht man gemeinsam auf, um vor der Stadt den Garten des Herrn DuFay an der Pfingstweide zu besichtigen, in dem der Sommer verbracht werden soll.

Der alte Kutscher Mattern, in der blau-gelben Gontard'schen Hauslivree, ist mit dem sechssitzigen Phaeton vorgefahren, einer gutgefederten offenen Sommerkutsche, in der alle Platz haben.

Das nahe Gallentor war nur für einspännige Fuhrwerke,

Fußgänger und Reiter zugelassen. Sie fahren ein Viertelstündchen, durch das Friedberger Tor hinaus, und halten sich danach südöstlich zwischen Festungsanlagen und Bornheimer Heide, bis sie die Pappelalleen sehen, die in spitzem Winkel die Felder der Pfingstweide begrenzen.

Sie sei, erklärt Marie unterwegs gut gelaunt, noch müde vom Nachtball bei Sophie Bethmann-Metzler, bis in die frühen Morgenstunden sei sie geblieben. Gontards stehen mit Bethmanns in vertrautem Umgang. Sophies Onkel Simon Moritz Bethmann ist ein enger Freund des Hamburger Kaufmanns Carl Ludwig Thierry, dem Gatten von Suzettes Schwester Amalia. So kennen sie auch gut den Bethmann'schen Garten vor dem Friedberger Tor. Neben dem Wohnhaus ließ Simon Moritz Bethmann eine Säulenhalle im griechischen Stil bauen, über dem Eingangsportal in goldenen Buchstaben die Inschrift »Tempel der Freundschaft«.

Die Gärten vor der Stadt stehen in voller Blüte. Hinter dem zweistöckigen Gutshaus der DuFays steigt die Gegend in sanften Wiesenstufen zum Waldrand an.

Die wohlhabenden Frankfurter Bürger verbrachten alle den Sommer außerhalb der Stadt. Frankfurt war berühmt für seine Gärten. Ein »Camelienbukett in einem Kranz von Heidekraut« nannte Alexandre Dumas sie Jahrzehnte später.

Die Kinder messen die Gegend mit ihren Bewegungen, die Erwachsenen mit Blicken. In der Ferne sieht man den Röderberg, von dichtem Wald bedeckt. Die kleine Gesellschaft gruppiert sich vor der Landschaft des östlichen Maintals.

Später irgendwann, am Abend, sitzt Hölderlin über den Wiesen und schreibt an Neuffer: »Lieber Freund! es giebt ein Wesen auf der Welt, woran mein Geist Jahrtausende verweilen kann und wird.«

Wie er von ihr spricht, ist wieder in diesem Götterton.

»Es ist auch wirklich oft unmöglich, vor ihr an etwas sterbliches zu denken und eben deßwegen läßt so wenig sich von ihr sagen. Vieleicht gelingt mirs hie und da, einen Theil ihres Wesens in einem glüklichen Zuge zu bezeichnen, und da soll dir keiner unbekannt bleiben. Aber es muß eine festliche durchaus ungestörte Stunde seyn, wenn ich von ihr schreiben soll. –«

Hier hat es angefangen.

An welchem Tag, in welchem Monat? Es will ihm nicht einfallen.

»Ehe es eins von uns beeden wußte, gehörten wir uns an.«*

Die Liebe musste nicht erklärt werden. Wie dieser Krieg da draußen hatte sie ruhig ihre Zeit abgewartet.

Die letzten Maiwochen und den Juni hindurch sitzen Henry, seine Mutter und Hölderlin bis zum Mittag in der Laube beieinander, während die Mädchen im Gras unter den Bäumen spielen. Gontard ist zurück in der Stadt und kommt nur an den Wochenenden. Marie träumt von dem österreichischen Leutnant, der ihr auf dem Ball den Hof gemacht hat. Sie muss Wege ersinnen, ihn wiederzusehen, ohne dass es jemand von den Hausgenossen bemerkt. Herr Gontard wacht streng über die Tugend der Zweiundzwanzigjährigen, die seit fünf Jahren als Haustochter bei ihnen lebt.

Hölderlin fährt mit Hesiods ältester Geschichte der Welt fort.

Das erste menschliche Geschlecht lebte noch im Goldenen Zeitalter. Sein Herrscher hieß Kronos, der jüngste Sohn des Himmels und der Erde. Die Menschen des Goldenen Zeitalters lebten sorglosen Herzens wie die Götter. Sie arbeiteten nicht und kannten nicht das Leid und nicht das Altern mit seinen Gebrechen und Krankheiten, sie blieben ewig jung und blühend und der Tod ereilte sie wie ein Schlaf. Was auf Erden wuchs, gehörte allen Menschen. Sie waren reich und wurden von den glücklichen Göttern geliebt. Und wenn sie gestorben waren, nahm die Erde sie auf, und es gingen aus ihnen die guten Geister hervor, die Beschützer der sterblichen Menschen.

Dem Bruder Karl empfiehlt Hölderlin, ein Studium in Jena aufzunehmen. »An Aussichten kann es dir zur rechten Zeit nicht fehlen … In jedem Falle kannst Du Hofmeister werden, so gut wie ich, und glüklich seyn, und all die Lumpereien des politischen und geistlichen Würtembergs und Deutschlands und Europa's auslachen, so gut, wie ich.«

So wenig bekümmern ihn die politischen Geschichten, als ob er aus der Zeit gefallen ist.

Mit Henry stellt er alles an, was noch heute Väter mit ihren Kindern anstellen: lange Wanderungen und Gespräche über Tiere und Bäume, Baumhäuser bauen, Frösche fangen, Teiche graben, Schiffchen aussetzen, um die Wette die Hangwiesen hinaufrennen, keuchend ins Gras fallen, ihre Hände in weiches Moos drücken, auf den von der Sonne erwärmten Felsen Feuersalamander beobachten, die aus den Spalten flitzen, nachts sich die Namen der Sternbilder aufsagen. Orion, Kassiopeia, Kastor und Pollux, die unzertrennlichen Brüder. »Laßt von der Wiege an den Menschen

6 Lieber Freund! Es giebt ein Wesen auf der Welt …

ungestört! Treibt aus der engvereinten Knospe seines Wesens, treibt aus dem Hüttchen seiner Kindheit ihn nicht heraus!«*

Es ist seine eigene Kindheit, die Hölderlin in seinem
Schüler noch einmal lebt, die im Grasgarten am Neckar verträumten Tage mit dem kleinen Halbbruder Karl. »Ich finde
mich tausendmal mit meinen ursprünglichen Eigenheiten
in ihm, auch das Kind ahndet in mir ein gleichgeschaffen
Gemüth und gerade das erleichtert mir meine Erziehung so
sehr.«

Welcher Gegensatz jener düsteren Dormatorien und Kreuz-
gänge seiner Klosterschulen zu dem fliederduftenden Garten, in dem er Henry für das Handelsleben vorbereitet. An
diesem Kind wird er wiedergutmachen, was an ihm selbst
versäumt worden war und was er, unerfahren und ehrgei-
zig, in seiner ersten Hauslehrerstelle an dem ältesten Sohn
der Charlotte von Kalb falsch gemacht hatte; »ich wollte
zähmen und zwingen. Ich richtete mit Argwohn und Härte
mich und andre. Für die stillen Melodien des Lebens, für
das Häusliche und Kindliche hatt' ich den Sinn beinahe
ganz verloren.«*

Hölderlins Vater, wohlhabender Klosterverwalter in Lauf-
fen, starb 1772; sein Erstgeborener Johann Christian Friedrich war zwei Jahre alt. Im selben Jahr wurde die Schwester
Heinrike geboren. Nachdem die Mutter das Vermögen ihres
verstorbenen Gatten hatte berechnen lassen – die Gesamt-
erbmasse an Ländereien, beweglichem Kapital und Activa
betrug annähernd 11 000 Gulden (etwa eine halbe Million
Euro) –, heiratete sie 1774 den vermögenslosen Schreiber
Johann Christoph Gock, verkaufte das Lauffener Haus und

mehrere ihrer Ländereien und zog mit ihm nach Nürtingen. Von den vier Kindern Gocks überlebte nur der 1779 geborene Karl Gock, Hölderlins Halbbruder. Gute Beziehungen zum Beamtenstand und das beträchtliche Vermögen seiner Frau verhalfen Stiefvater Gock zum Bürgermeisteramt von Nürtingen. Die Gocks kauften den »Schweizerhof« neben dem Schlossgarten und zählten fortan zur bürgerlichen Oberschicht, der sogenannten Ehrbarkeit Württembergs, die seit dreihundertfünfzig Jahren in der »Landschaft«, einer Art Landesparlament, die von der Verfassung garantierten ständischen Rechte und ihre protestantische Religion gegen die absolutistischen Herzöge von Württemberg standhaft verteidigte.

Mit sechs Jahren drückte Friedrich Hölderlin die erste Bank der Nürtinger Lateinschule. Neben Latein lernte er Griechisch, Hebräisch, dazu Reichsgeschichte, römische Geschichte, etwas Geographie, Mathematik und Geometrie. Dazu täglich Bibelexegese, großer und kleiner Katechismus nach Luther. Für zusätzliche Privatstunden, Klavier- und Flötenunterricht bezahlte die Mutter Hauslehrer. 1779 starb der Stiefvater. Friedrichs und Heinrikes Erbteil legte Johanna gewinnbringend in Schuldverschreibungen zu 5% an und bestritt den Lebensunterhalt für sich und die drei überlebenden Kinder von den Zinserträgen.

Ihren ältesten Sohn bestimmte Johanna Gock, verwitwete Hölderlin, zum Pfarrer. Die achtjährige Ausbildung wurde durch Stipendien des württembergischen Konsistoriums finanziert. Mit vierzehn wurde Johann Friedrich, der liebe Fritz, in die Klosterschule Denkendorf gebracht, von dort aus in die höhere Klosterschule Maulbronn und schließlich in das Theologische Stift Tübingen – getrennt von Mutter und Geschwistern, für vier Jahre in das grobe, dunkle Tuch der Klosteruniform gekleidet, niemals für sich, bei schlechter Kost, in ungeheizten, überfüllten Schlafsälen.

Gehorsam fügt er sich in allem dem Willen der Mutter. Heimlich schreibt er Gedichte, zeigt sie nur wenigen Freunden. Mit neunzehn malt er ihr sein künftiges Leben als das »eines Poeten« aus, wenn es auch »mit großen Ausgaben« verbunden sein würde. Doch nach den Sommerferien kehrt er nach Maulbronn zurück mit dem Versprechen, die theologische Laufbahn fortzusetzen.

»Kein Mensch wagt, er selbst zu sein. Man muß wie die anderen sein.« So stand es in Jean-Jacques Rousseaus berühmtem Roman *La nouvelle Heloise*. Hölderlin hatte ihn gleich anfangs als Student in Tübingen gelesen und begeistert an seine Schwester Heinrike geschrieben, was er davon verstanden hatte: »Jeder sei, wie er wirklich ist. Keiner rede, handle anders, als er denkt, und ihm's um's Herz ist. Da würdest Du keinen Komplimentenschnak mer sehen, die Leute würden nimmer halbe Tage zusammensizen, one ein h e r z l i c h e s Wort zu reden – man würde gut und edel s e y n, weil man nimmer gut und edel s c h e i n e n möchte, und dann würd' es erst Freunde geben, die sich liebten bis in Tod, u. – ich glaube auch bessere Ehen u. bessere Kinder.«

Rousseau hatte die Aufklärungsbewegung gespalten. Rationalismus, kritizistische Vernunft hier, Empfindung, Natur, Genie dort. Und was hatte die Aufklärung in den letzten fünfzig Jahren denn auch gebracht? Der Gebrauch der Vernunft das Privileg einer Minderheit von Gebildeten, während die Masse des ungebildeten Volkes immer tiefer in Armut versank. Glänzendes Elend, prunkvolle Unterdrückung,

7 Friedrich Hölderlin als Tübinger Student

wortreicher Stillstand. Und dafür hat man in Frankreich eine Revolution angezettelt?

Nicht Eigeninteresse, Profit und Erwerbsleben, auch nicht die Person des Landesfürsten, sondern die bürgerliche Familie müsse die Stütze des modernen Staates sein, hatte Rousseau gepredigt, und der Wille der Bürgerschaft, *la volonté générale*, die gesetzgebende Gewalt des Staates ausüben. Noch fast zwanzig Jahre nach Rousseaus Tod waren solche Sätze unerhört in Europas von Misswirtschaft, Korruption und Massenarmut ausgehöhlten Feudalstaaten. Die öffentlichen Schulen waren Brutstätten seelischer Verwahrlosung.

Auch Frau Gontard möchte ihre Kinder nicht gern von schlecht ausgebildeten, trunksüchtigen und missgelaunten Lehrern in überfüllten Schulzimmern traktiert wissen. Nur hatte man aus der Not eine Tugend der höheren Kreise gemacht; die Privaterziehung war in Mode gekommen – und die Hauslehrer mussten es ausbaden. Anders betrachtet, wurde manch arm geborenes Genie durch die Hofmeisterei vor dem Absturz ins Elend bewahrt, wie die Beispiele des Philosophen Hegel, des Dichters Lenz oder des Geographen Carl Ritter zeigten.

In dem Heft, in das Henry geometrische Lehrsätze schreibt, finden sich später Entwürfe zum *Hyperion*-Roman, in Hölderlins Handschrift.

»Mehr Freude kann ein Gott ertragen, aber ich nicht.«*

Für ein paar Wochen leben Hölderlin und Suzette wie die Götter, im Einklang mit der Natur, getragen von ihrem verlässlichen Rhythmus von Regen und Hitze, Tag und Nacht, Wolken und Bläue. So zerfallen mit der Welt und sich selbst, wie er hier ankam, setzt er sich jetzt wieder zusammen mit allen Sinnen. Die Sonne scheint. Mehr braucht er nicht.

Suzette zeigt ihm ihre Lieblingswege in der Umgebung, erzählt von den Gartenhäusern in Ottensen, Klein-Flottbek und in Neumühlen. Hamburgs bessere Gesellschaft traf sich reihum bei dem Kaufmann Caspar Voght, bei der klugen Johanna Sieveking, bei der berühmten Doktorin Sophie Reimarus. Frau von Stein schickte ihren Sohn Fritz zu Voght in die Handelslehre, Gäste aus ganz Deutschland bewunderten die hamburgische Mischung aus »Güte, Gastfreiheit in edelster Simplizität, Geist und Bildung, Witz und Laune in sprudelnder Fülle«, von Wohlstand und Ungezwungenheit, sie berichteten von Männern, »die nicht den leeren Weltton, sondern die Sprache der Vernunft führen, und … Frauen, deren Liebenswürdigkeit nicht den flatterhaften Reiz blendender Witz- oder Schönheitsfunken, sondern der echte Wert der Grazie und Anmut ist«. Es gab republikanische Lesezirkel, Konzerte des alten Carl Philipp Emanuel Bach und das Comödienhaus am Gänsemarkt, Gastmähler mit fünfzig und mehr Personen unter Bäumen mit Elbblick, bei denen musiziert und gesungen wurde, während die Frachtsegler ruhig über den Strom zogen. Der berühmte Dichter Friedrich Klopstock feierte in Neumühlen seine Geburtstage am 2. Juli.

Suzette ist glücklich, wenn sie von Hamburg erzählen kann. Frankfurt war ihr kein Ersatz geworden.

Er hoffe, diesen Sommer mehr zu tun als bisher. »Der Trieb, aus unserm Wesen etwas hervorzubringen, was zurükbleibt, wenn wir scheiden, hält uns doch eigentlich einzig an's Le-

ben vest.« In der Dämmerung unter den blühenden Kirsch-
bäumen sprechen sie von seinen Arbeiten.

So lange hat es gebraucht. Sie vermissen nichts. Sie sind
sich selbst genug. »Was kümmert mich der Schiffbruch der
Welt, ich weiß von nichts, als meiner seeligen Insel.«*

Dass Cotta mit dem Druck des Romans angefangen hat,
nimmt er für Gewissheit und schreibt es nach Nürtingen,
während er doch, wie wir wissen, noch bis Jahresende daran
arbeitet. Nie hält ihn die Gegenwart fest, immer eilt er ihr
ungeduldig voraus oder hängt der Vergangenheit nach.

»Ich kann nur hie und da ein Wörtchen von ihr sprechen.
Ich muß vergessen, was sie ganz ist, wenn ich von ihr sprechen soll. Ich muß mich täuschen, als hätte sie vor alten
Zeiten gelebt, als wüßt ich durch Erzählung einiges von
ihr, wenn ihr lebendig Bild mich nicht ergreiffen soll, daß
ich vergehe im Entzüken und im Schmerz, wenn ich den
Tod der Freude über sie und den Tod der Trauer um sie
nicht sterben soll.«* – Von Anfang an war ihm klar, dass
sich die Liebenden bald trennen müssten, dass Diotima sterben würde. Ein literarischer Kunstgriff, während Madame
Gontard vor seinen Augen Tulpen schneidet. Was Dichtung
werden soll, muss erst Vergangenheit geworden sein. Sie
nicht ganz besitzen zu dürfen bedeutet so viel wie: sie schon
verloren haben.

»War sie nicht mein?«*

Sie ist es ja. Eine Aneignung und Besitznahme, die mehr
bedeutet als die, deren Gontard sich rühmen kann. Denn
sie ist durch das hohe Ideal der Dichtung besiegelt, nicht
durch das Leben.

Das philosophische Problem, an dem er noch im Winter saß, ist so gut wie aufgelöst. Nicht durch Sittlichkeit oder Gesetze, auch nicht durch die aufgeklärte Vernunft der Philosophen, sondern in der Schönheit sind Menschen miteinander unauflöslich verbunden. »Deswegen sollte alles Erkennen vom Studium des Schönen anfangen – denn der hat viel gewonnen, der das Leben verstehen kann, ohne zu trauern.« Er hat es gefunden, das ewige Schöne. Es trägt ihren Namen. Diese Schönheit ist Natur, ewiges Vorbild und Ursprung der großen Harmonie, des versöhnten Widerstreits in der Musik der Sphären. Das Eine in sich selbst Unterschiedene, Heraklits *hen diapheron heauto*, vereint ihn mit ihr wie die Dichtung mit dem Leben, »wie die Harmonie eines Bogens (bios) und der Leier (lyra)«. Sie sind das ewige Paar, die Bewohner einer besseren Welt, Eins und Alles. Ein Paar, das vor keinem Staat, keiner Verfassung, keinem Gesetzestext und keiner Kirche Rechtfertigung braucht. »Sprache der Liebenden / Sei die Sprache des Landes, / Ihre Seele der Laut des Volks!« (Die Liebe)

Der Krieg springt unentschlossen um Frankfurt herum. In Altenkirchen hat General Jourdan 4 kaiserliche Fahnen, 15 Kanonen und 72 Munitionswagen erbeutet; sein Vormarsch über die Sieg und Lahn scheint unaufhaltsam. Schon hat sich das Corps des Prinzen von Württemberg eilig nach Limburg zurückgezogen. Schon sind die Vororte von Mannheim wieder französisch. Seit dem 3. Juni treiben Jourdans Truppen einen Flüchtlingsstrom von wenigstens 4000 Wagen mit Pferden, Ochsen und Eseln bespannt, Richtung Nordosten vor sich her durch Frankfurt, und mindestens zweimal so viel sollen um die Stadt herumgegangen sein. Zwei französische Armeen stehen waffenklirrend im Hunsrück und am rechten Rheinufer, vom Feldberg aus kann man bei klarem Wetter ihre Zelte sehen, eine dritte hat sich linksrheinisch zwischen Bacharach und Krefeld verschanzt. Am 24. Juni durchbricht General Moreau die Schanzungen der schwäbischen Kreistruppen und erscheint an der württembergischen Grenze.

»Dir, mein Karl, kann die Nähe eines so ungeheuern Schauspiels, wie die Riesenschritte der Republikaner gewähren, die Seele innigst stärken«, schreibt Hölderlin dem Bruder nach Nürtingen. »Es ist doch was ganz leichters, von den griechischen Donnerkeulen zu hören, welche vor Jahrtausenden die Perser aus Attika schleuderten über den Hellespont hinweg bis hinunter in das barbarische Susa, als so ein unerbittlich Donnerwetter über das eigne Haus hinziehen zu sehen.«

Sie hatten nun einen Code für ihr Geheimnis. Unter dem Schutz der schweigsamen Natur, auf einsamen Wegen am Waldrand, im Schatten der Obstbäume trug alles ihren Namen. Diotima. Eins und Alles. Er durfte hier Dichter sein. Und er konnte an Suzette denken, an sie schreiben, ohne sie zu nennen.

> Nun ich habe dich gefunden!
> Schöner, als ich ahndend sah
> In der Liebe Feierstunden,
> Hohe Gute! Bist du da;
> O der armen Phantasien!
> Dieses Eine bildest nur
> Du in deinen Harmonien
> Frohvollendete Natur!
> *(Diotima, Ältere Fassung)*

Immer unauflöslicher verschlingen sie einander in diesen dunklen Zusammenhang zwischen dem Text ihres Lebens und der Sprache der Dichtung. »Lieblichkeit und Hoheit, und Ruh und Leben, u. Geist und Gemüth und Gestalt ist Ein seeliges Eins in diesem Wesen.« Aber der Teil von ihr, der ihm gehört, muss vor der Welt verborgen bleiben.

Am 20. Juni 1796, kurz nach halb neun Uhr abends, meldet sich auf der Pfingstweide Besuch für Herrn Hölderlin an: Die Herren Theologen Bengel und Flatt von Tübingen, beide bekennende Anhänger Immanuel Kants. Bengel hatte mit Neuffer und Hölderlin promoviert, sein Reisegefährte war vermutlich der Repetent Johann Friedrich Flatt, bei dem Hölderlin Vorlesungen über empirische Psychologie gehört hatte. Nicht gerade Herzensfreunde, wenn man Schelling glauben will, der den Dogmatismus der Tübinger Kantianer scharf angriff, die durch die Hintertür des kritischen Idealismus die Existenz Gottes beweisen zu können glaubten und somit die aufgeklärte Vernunft gleichsam gegen sich selbst wendeten. Auf einer Bildungsreise unterwegs nach Offenbach zu Sophie LaRoche hatten die beiden Schwaben in Frankfurt haltgemacht und am Großen Hirschgraben erfahren, dass Hölderlin mit Gontards draußen im Gartenhaus sei.

Sie sitzen, der Hofmeister, seine schwäbischen Freunde und die schöne Frau Gontard, am Abend noch lange unter Diotimas Bäumen, während über ihnen das Sommersternbild der Cassiopeia aufzieht. Für den nächsten Nachmittag verabreden sich die drei Schwaben im »Römer«, sie werden sich einer Führung durch den alten Krönungssaal der deutschen Kaiser anschließen und den Abend wieder mit Frau Gontard verbringen.

Selten kommen Besucher hinaus auf die Pfingstweide. Gern gesehen ist Margarethe Sömmering, Suzettes beste Freundin, Gattin von Gontards Hausarzt, bei dem sich Hölderlin Anfang Mai einer Wurmkur unterzogen hatte. Seine Arbeit »Über das Organ der Seele« ist soeben in Druck gegangen. Dass Hölderlin sie gelesen hätte, ist nicht bezeugt.

Meist ist das Paar allein. Die Bäume in ihrem Garten, der Himmel und seine wechselnden Farben, die weiche Abendluft sind ihre beste Gesellschaft.

Die schönen Wochen des Mai und Juni sind schnell vorüber, und mit seiner innigen Verehrung wächst das Trennende zwischen ihnen. Freilich kann es Suzette anfangs nicht schwergefallen sein, in diese Vergötterung, diese Verwandlung ihrer Person in reine Wesenheit einzuwilligen. Möchte sie aber die Liebende sein, den Geliebten vergöttern, würde sich ihr Verhältnis gleichsam umkehren. Das Geliebte steht höher als das Liebende, das ist ein Grundgesetz der Liebesphilosophie seit Platon.

Aber Hölderlin lässt es nicht zu. Nie hat er eine andere Liebe kennengelernt, wohl auch keine andere gewollt als die, in der er der Unterlegene, der Liebende war. Nie würde er sich genug geliebt fühlen. Dienend und bedürftig nähert er sich immer den Gegenständen seiner Verehrung; »als die Armuth mit dem Überflusse sich paarte, da ward die Liebe.«* Die Liebe musste Rettung sein, ihn von der Last seiner misslungenen Aufbrüche, von »seinen Schlacken« und Fehlern befreien – oder sie war nichts.

Das ist es nicht, was Suzette möchte. An Bewunderung liegt ihr nicht viel. Die bekommt sie auch von Gontard. Aber der Teil, der Gontard gehört, ist bloß ihr äußeres Leben. An Hölderlin hat ihr inneres Selbst einen Halt gefunden. Das bedeutet ihr von Anfang an mehr als ihre soziale Existenz. Sie sehnt sich nach Gleichklang, nach innigster Nähe. War nicht sie es, die für ihn, für sie beide entschieden hat? Ihr Dichter hätte es nicht gewagt, den ersten Schritt zu tun.

Hölderlin, zwischen Himmel und Erde ewig zerrissen, liebt, was er in ihr sieht. Sein Göttliches, sein Höheres türmt unsichtbare Wände zwischen ihnen auf, eine tönende Grenze zwischen Traum und Wirklichkeit, die er endgültig niemals überschreiten wird.

Manchmal wird ihm bange vor ihrer Entschlossenheit. »Ich seh', ich sehe, wie das enden muß. Das Steuer ist in die Wooge gefallen und das Schiff wird, wie an den Füßen ein Kind, ergriffen und an die Felsen geschleudert.«*

Da bietet sich Anfang Juli eine Gelegenheit, die sie nicht vorübergehen lassen wird.

DIE TEMPEL DER HIMMLISCHEN

Auf der ganzen Linie zwischen Bergen und Bockenheim sind die Kaiserlichen mit achtzigtausend Soldaten, vierzig Kanonen und dreihundert gepanzerten Wagen aufgezogen. Noch hält die Festung Mainz, aber niemand weiß, wie lange.

Mit einem französischen Angriff konnte seit Anfang Juni gerechnet werden. Jakob Gontard schickt seine Mutter Madame d'Orville, die Schwester Margarethe, seine Gattin und die Kinder samt Diener und Gepäck aus der Stadt heraus. Suzette soll mit den Kindern zu ihren Verwandten nach Hamburg. Hölderlin erhält die Nachricht, während er Briefe schreibt. Er unterbricht sich. »HE. Gontard bleibt allein hier. Es wird wichtige Auftritte geben.«

Eine Kutsche fährt zu dieser Zeit mit frischer Bespannung in einer Stunde eine deutsche Meile, das sind etwa sieben Kilometer. Bis Hanau begleitet sie Herr Gontard, von Hanau nach Fulda brauchen sie einen Tag, von Fulda über Bad Hersfeld und Melsungen nach Kassel, ungefähr einhundert Kilometer, noch einmal höchstens zwei Tage. Macht drei Tage, »ziemlich nahe bei dem französischen Kanonendonner, doch noch immer sicher genug vorbei«. Sie werden, auf dem Weg nach Hamburg, am dreizehnten oder vierzehnten Juli in Kassel eingetroffen sein.

Das erste Gebäude, das sie von der Fuldabrücke sehen, ist die Festungsanlage mit Wachtürmen, Kerkerverliesen, einem mehrfachen Ring aus Wällen und Wassergräben, nach allen Seiten bestückt mit Kanonen, ein genaues Ebenbild der Pariser Bastille. »Man könnte den Stil, in welchem das

Ganze gebaut ist«, bemerkte der Journalist Georg Friedrich Rebmann, »füglich den Despotenstil nennen«. Hessen-Kassel hatte sich mit seinem Verbündeten Preußen dem Basler Frieden angeschlossen und war neutral. Ein endloser Flüchtlingszug drängt von Süden durch die Stadt Richtung Marburg, mehr als 45 000 Menschen »aus allen Ständen, in unabsehbaren Reihen, in Kutschen, auf Leiterwagen, auf Karren, von Ochsen, Pferden, Kühen und Eseln gezogen, mit reichem oder ärmlichem Gepäcke, zu Fuß, zu Pferd, zu Esel, barfuß, oder beschuht, oder gestiefelt, Elend und Jammer im Gesicht«.

Nur zwei Menschen sind zufrieden und lassen sich treiben im Strom der Flüchtenden.

Hölderlin meldet ihre Ankunft erst am 6. August an den Bruder: »Ich lebe seit drei Wochen und drei Tagen sehr glüklich hier in Kassel.«

Wie ein Paradies in der Wüste zog dieses »hessische Versailles« während der Kriegsjahre die französischen Emigranten an. Comtessen und Barone, Priester und Prinzessinen füllten Gasthäuser und Hotels, Bürger- und Adelshäuser. In ganz Deutschland waren es bald so viele, dass der Weizen knapp wurde, woraus der Haarpuder hergestellt wurde. Seit dem 1. Juli galt das Gesetz, dass »niemand in Hessen einen Runden Hut und Pantalons Hosen dicke Halstücher etc. tragen darf … als ein Antidot gegen Jacobinismus«. Auf den prächtigen öffentlichen Plätzen werden die Fremden von Kriegsinvaliden um Almosen und von Müttern mit ihren Kindern um Brot angehalten.

Die Gontard-Damen sind zwei Wochen in Kassel, als Wilhelm Heinse aus Aschaffenburg eintrifft. Als Verfasser von Künstlerromanen bedient der berühmte Romanautor zuverlässig den Modegeschmack des lesenden Publikums und erzielt regelmäßig Bestsellerauflagen. Als die Italiensehnsucht Ende der achtziger Jahre ganz Europa erfasste, schrieb er seinen Roman *Ardinghello* über einen Florentiner Renaissance-Maler. »In jedem Menschen wohnt ein Gott!«, war sein Kampfruf. Und als in den neunziger Jahren das exzentrische Wiener Musikgenie Wolfgang Mozart von sich reden machte, die antikisierenden Opern von Willibald Gluck die *beau monde* in Entzücken rissen, brachte Heinse seinen Musikerroman *Hildegard von Hohenthal* heraus. Die Vossische Zeitung druckte ihn als einen der ersten deutschen Fortsetzungsromane. Wie vorausschauend war es da, dass im Frühjahr Suzette Gontard zu den ersten Empfängerinnen des Romans zählte, darin die Hauptfigur, eine gebildete Dame der Gesellschaft, sich unsterblich in ihren Hofmeister verliebt.

Heinse war, ein Freund ihres Hausarztes Sömmering, im Hause Gontard ein gerngesehener Gast. Groß und kräftig, fünfzig Jahre alt, mit einem freundlichen Bauchansatz, verkörpert er den jovialen Genießer. Sein kennerischer Blick für erotische Situationen und ästhetische Körper entkleidet alles, was ihm vor Augen kommt. »Wenn man die alten Gebäude ansieht, so hat man immer eine Art von Gefühl wie bey einem schönen nackenden Körper.« Oder er sagt: »Die Zimmer der Alten paßten zu ihrer menschlichen Gestalt wie ihre Kleider.«

Ausgerechnet dieser Liebhaber entblößter Geheimnisse führt nun die Gontard-Damen durch Kassel und unterhält sie mit seinen Aperçus. Heinse macht die Frankfurter auch mit Ludwig Philipp Strack, dem Hofmaler des Herzogs, be-

8 Marmorrelief Suzette Gontard

kannt, mit den Brüdern Nahl, Lehrer an der Maler- und Bild-
hauerakademie, und mit dem Inspektor der Gemäldegalerie
Johann Heinrich Tischbein, dem Bruder des italienischen
Tischbein und Goethes Freund.

»... mich umglänzten ein paar holde reizende Wesen«,
erinnerte sich später Heinse; die »blühende Schweizerin«
habe vor allem die »Malerzunft ... ganz bezaubert«. Er er-
wähnt auch »Dame Gontard in dem reinen schönen Tizia-
nischen Teint ...« Eine äußerst feine Anspielung, wie noch
zu sehen sein wird. Ihren wohlgestalteten Begleiter Hölderlin nennt er nicht. Das Paar, das auf seiner Reise durch die
Gegenden des Krieges so glücklich scheint, darf seiner Ver-
schwiegenheit wohl sicher sein.

Hölderlins Berichte sind knapp. Natürlich besuchte er mit
Demoiselle Rätzer und Madame Gontard die Gemäldegalerie mit der berühmten Sammlung niederländischer Ma-
lerei und trug sich in das Gästebuch ein. »Einige Statuen«
in der Antikensammlung machten ihm »wahrhaft glükliche
Tage«. Seine Kenntnisse in diesen Dingen waren nicht un-
beträchtlich. 1790 hatte er seine Magisterdissertation über
die »Geschichte der schönen Künste unter den Griechen« in
Tübingen verteidigt. In Heinse und dessen Freunden fand
er kunstsinnige Männer, mit denen er seine Liebe zur griechischen Sprache teilen, seine Kenntnisse in bildender Kunst
erweitern konnte.

Am 3. August erwartete Kassel den preußischen König,
ein Ereignis, das sich Madame d'Orville wohl nicht entgehen ließ. Der Augarten wurde, dem Geschmack der neunziger Jahre gemäß, soeben nach englischem Vorbild umgestal-
tet und erhält zwei Jahre später den Namen Wilhelmshöhe.

Aus der Stadt führt vom Königstor eine schnurgerade Allee zum landgräflichen Schloss auf dem Weißenstein. Für den hohen Besuch wurden die Fontänen und Wasserspiele auf dem Karlsberg oberhalb des Schlosses – die Hauptfontäne schoss normalerweise 150 Fuß hoch, also 47 Meter, in den Himmel – auf die doppelte Höhe getrieben. Eine kupferne Nachbildung der Herkules-Statue aus der römischen Villa Farnese thront auf einem gigantischen achteckigen, pyramidenähnlichen Gebäude, das einen möblierten Saal in sich barg, über dem Fuldatal; »ein Nichts um nichts, einen ungeheuren Konfektaufsatz« nannte Goethe ihn gelegentlich; »eine glänzende Idee«, meinte Heinse. So viele Tränen habe die ganze Anlage das Volk gekostet, dass sie insgesamt einen hübschen Wasserfall ausmachten, höhnte ein anderer Besucher.

Nichts war hier echt und noch weniger empfunden. Wie ein Fieber wütete der antikisierende Unfug der »Ruinchen« und »Felsenklippchen«, der Grotten und Tempelchen und Götterchen und wasserspeienden Putten in Europa. Hölderlins Griechen verkleinert auf den Maßstab höfischer Galane, die Göttinnen aus Gips, die Schönheit ein Popanz, die Natur eine monströse Inszenierung feudalistischer Macht. Anstelle der glühenden Sonne Griechenlands warfen Kerzen hinter Wandschirmen aus rotem Papier ihr künstliches Licht auf die Figuren der Pluto-Grotte. Alles war Illusion, und noch das Reich der Toten eine plumpe Täuschung.

Suzette hat ihre Pläne geändert. Sie werden nicht nach Hamburg weiterreisen. Solange sie auf Reisen sind, genießt Suzette eine nie gekannte Freiheit. Ihr schönes Geheimnis war inmitten all der Fremden besser aufgehoben als in dem familiären Hamburg, wo jedermann sie kennt. Die Straßen im Norden waren schlecht. Aus all diesen Gründen hat Frau Gontard beschlossen, die Reise zu einem Kuraufenthalt zu nutzen.

Am 9. August brechen sie auf der Postchaussee zur hessischen Landesgrenze auf, »durch wilde schöne Gegenden«, wie sich Hölderlin erinnerte, »über die Weser, über kahle Berge, schmutzige, unbeschreiblich ärmliche Dörfer und noch schmutzigere, ärmlichere holperige Wege.«

Ihr Ziel ist Bad Driburg. Heinse bleibt bei ihnen. Wahrscheinlich reisten auch Madame d'Orville und ihre Tochter Margarethe ins Bad. Anderthalb Tage sind sie unterwegs. Zweimal nehmen sie mit Pferd und Wagen die Fähre über die Weser, die sich durch enge Täler schlängelt. Die Straßen sind steil und gefährlich.

Von der Emderhöhe sehen sie das Städtchen unter sich liegen, »mit all den zierlichen Zuthaten solcher Orte, eleganten Gebäuden, bald in Gruppen, bald einzeln, Alleen, schlank und hochgewölbt, mit leicht geschwungenen Brükken und kleinen spritzenden Wasserfällen darunter, das ganze, nicht große Thal nebst dem daran liegenden Rosenberge in einen saftig grünen Garten umgeschaffen.« Nur Eingeweihten war das Bad bekannt. Auch die Offenbacher Schriftstellerin Sophie LaRoche zog Driburg dem mondänen und stets überfüllten Bad Pyrmont vor. Jetzt sind hier etwa sechzig bis achtzig Fremde, zahlende Gäste auf ihrer Badeinsel mitten im Krieg.

Das Paar nimmt seine Frankfurter Gewohnheiten wieder auf, macht lange Spaziergänge und genießt die schönen Aussichten. Die Feldraine und Wege sind dunkelrot von Eiseneinlagerungen. Als sei das ganze Gebirge unterspült von tausend Quellen, begleitet ein unablässiges Rieseln und Rauschen ihre Gespräche. Hölderlin liebt diese sanften mitteldeutschen Gebirgsformen. »So studirt' ich am liebsten die Geographie der beiden Halbkugeln, wenn es sein könnte.« Eine seiner seltenen Frivolitäten, dem Bruder aus Walterhausen anvertraut.

Eine Viertelstunde hinter Driburg erhebt sich vor ihnen der Teutoburger Wald. Sie suchen den Fußpfad zur höchsten Erhebung, dem Knochenberg. Er ist von Dickicht fast versteckt, »biegt nach rechts ab, überquert den von Haselnußgesträuch überwölbten Sturzbach, führt in den Wald, zunächst einige hundert Schritt in westlicher, dann, nach plötzlicher Wendung, in nördlicher Richtung, und erklettert einen abschüssigen Hang, den man mit Mühe ersteigt«.

Suzette mag die steilen Aufstiege nicht. Sie bekommt schwer Luft und muss öfter stehen bleiben. Aber Hölderlin muss hinauf auf jeden Berg, der sich seinen Blicken in den Weg stellt.

Der Knochenberg ist die Wasserscheide zwischen Rhein und Weser. Unter ihnen liegt das Tal, in dem Hermann der Cherusker die Römer besiegte und, wie die Legende berichtete, die Legionen erschlagener Krieger mit ihrem Blut die Erde färbten.

Das Vaterland retten wie Hermann und zugleich leben unter der griechischen Freiheitssonne – wer das könnte.

Im Osten sieht man die Pyramide des Brockens aus dem bläulichen Dunst aufragen. Wer gute Augen hat, kann im Süden den Weißenstein mit der Herkuleskeule erkennen, im Norden das Stromgebiet der Weser, im Nordwesten und

Westen die Rheinufer, wo sich zwei riesige Armeen gegen-
überstehen.

Sein Himmel hat wieder eine Mitte; »ich brauche die Götter und die Menschen nicht mehr. Ich weiß, der Himmel ist
ausgestorben, entvölkert, und die Erde, die einst überfloß
von schönem menschlichem Leben, ist fast, wie ein Amei-
senhaufe, geworden. Aber noch giebt es eine Stelle, wo der
alte Himmel und die alte Erde mir lacht. Denn alle Götter
des Himmels und alle göttlichen Menschen vergeß' ich in
dir.«*

Noch viele Jahre trägt Hölderlin die Erinnerung an den
Ort der Mythe mit sich. Im Gedächtnis wird der Knochenberg zum Berg Ossa, ein älterer Name für den Parnass, den
griechischen Götterberg.

Teutoburg ist daselbst auch und voll geistigen Wassers
Umher das Land, da
Die Himmlischen all
Sich Tempel

Mitten im Vers stürzt die Schrift ins Leere, von Erinnerung
überwältigt.

Tempel der Himmlischen, das sind Orte der vollzogenen
Liebe, in seiner Sprache.

DAS DIOTIMAPRINZIP

Der Alltag im Kurhaus beginnt um 5 Uhr morgens mit dem Klappern von Eimern und einem Geräusch, als stürzten alle Bäche Westfalens das Stiegenhaus hinab – die Dienstmägde lassen Wasser in die Badewannen. Zwei Stunden später sind Galerien, Säle, Promenaden voller frisch gewaschener Menschen, die dem Brunnenplatz zustreben, um sich nunmehr der Reinigung ihres Innenlebens zuzuwenden. Ein böhmisches Blasorchester, das den Trinkenden auf Schritt und Tritt folgt, spielt eine Symphonie von Mozart.

Auf den Promenaden sieht man zart wippende Sonnenschirme der Damen und die riesigen, zweispitzigen Incroyables der Herren, dazu enge, am Knie mit Schleifen geschlossene Culotten und Jacken mit breiten, kurzen Schößen, großen Revers und Umlegekragen, auf denen die weiße Kokarde der gestürzten Bourbonen leuchtet. Mancher kurze Hals ist in riesige grüne Cravatten gehüllt, die Farbe der Royalisten, manche allzu dünne Wade in geblümte Seidenstrümpfe oder in hautenge – auch der Herr kleidet sich *à la grecque* – wie geschliffener Marmor schimmernde Kniehosen. Ebenso war bei den Frisuren eine gewisse modische Kühnheit zu beobachten: was noch vor der Revolution bei den Herren hinten als Zopf im Haarnetz hing, wuchs nun oben auf dem Kopf als Lockenwelle, der Tituskopf. Doch seit die unglückselige Königin Marie Antoinette ihren schönen Kopf unter der Guillotine verlor, hat die Modewelt ihre Gesetzgeberin verloren. Sie ist ein wenig schwerfällig geworden. Alle tragen das Gleiche wie vor sechs Monaten, vor zwölf Monaten, vor achtzehn. Mon Dieu, wie langweilig.

Wilhelm Heinse hat sich mit dem Driburger Badearzt Brandis angefreundet, einem Mann von eher derbem Humor und Geist in jakobinisch nachlässigem Aufzug, der ein brauchbares Taschenbuch über die Gegend geschrieben hat, von dem Besitzer des Driburger Bades Sierstorpff jedoch herzlich gehasst wird. »Madame (Brandis) ist en chemise grecque gekleidet, wobey ihre hängende Tittens so hoch als möglich aufgetrieben und ihre Hahre voller Nissen sind«, bemerkte nicht sehr fein der niedersächsische Landedelmann, der als gewissenhafter Beobachter seiner Gattin am 25. August auch berichtet: »Hier ist alles vorbey, und die Paar Leute, die hier sind, werden in den nächsten tagen abgehen. nur die Gontardsche Familie wird hier auf unbestimmte Zeit bleiben, man sieht sie fast gar nicht sie bleiben immer auf ihren Zimmern, eine Anecdote davon mündlich.«

Durch Heinse lernen Suzette Gontard und Hölderlin wohl auch, wenigstens war ihre flüchtige Begegnung unumgänglich, den Comte de Villers kennen, einen französischen Schriftsteller, der in der royalistischen Emigrantenarmee unter dem Prinzen von Condé gegen die Revolutionsarmeen gekämpft hat (die »Condéischen Unthiere« nannte sie Hölderlin) und mit dem Driburger Wasser seinen Rheumatismus zu lindern hofft.

Dieser Charles Villers, ein schlanker, beweglicher Mann Mitte dreißig, erweist sich als exzellenter Kenner der deutschen Literatur und bevorzugt wie Heinse die Gesellschaft schöner Frauen, sammelt er doch seit einiger Zeit Material für seine *Erotique comparée*, in der er die deutschen mit den französischen Liebessitten vergleichen wird. Nach Tisch sind Heinse und die andern Herren am Billardtisch, abends ne-

ben einem guten Glas Wein beim Tarock oder Tabak qual-
mend am Kamin zu finden.

Nicht immer kann sich das Frankfurter Paar dem geselligen Umgang entziehen. Einen Billard spielenden Hölderlin,
der die temperamentvollen Witzeleien des Älteren lächelnd
kommentiert, der zuweilen ausgelassen in das allgemeine
Gelächter einstimmt, dessen Redefluss im Kreis der geistreichen Männer und schönen Damen mit jedem Schoppen
Wein reißender wird – diesen anderen Hölderlin haben uns
seine Biographen nicht überliefert. Den fröhlichen, den be-
trunkenen Dichter kennen wir nicht. Und doch muss er auch
solche Stunden gehabt haben.

Es war eine zügellose, eine liebes- und genusssüchtige
Zeit, die weibliche Schönheit enthusiastisch verehrte und
doch die körperliche Liebe, als Teil der tierischen Natur des
Menschen, ins Zwielicht einer anrüchigen Heimlichkeit ver-
bannte. Aus den zahlreichen Theorien über die Liebe, wie
sie seit Mitte des 18. Jahrhunderts diskutiert wurden, sprach
noch die Ehrfurcht vor der Überlieferung. Christliche Mo-
ralität und altgriechische Sinnlichkeit prallten unvermittelt
aufeinander. Der Eros als lebenschaffende Urenergie, wie
die griechischen Mythen ihn beschrieben, war mit Platons
»Symposion« in die Weltliteratur eingegangen. In der Heil-
kunst, in der Musik, im Rhythmus der Jahreszeiten, im Lauf
der Planeten galt Eros im Altertum als universelles Prinzip
des Einen, sich Entzweienden und doch mit sich selbst Einigen. In der antiken *ars erotica* stellte man sich den Gott in
der Doppelgestalt der weltlichen Liebe zu Frauen und Knaben, *eros pandemos*, und der Liebe zur Vortrefflichkeit, *eros
uranos*, vor. Die Seelenliebe, *philia*, galt schon in der pythagoreischen, vorsokratischen Tradition als höchster Grad in

der Liebeskunst. Sie war nur reifen Männern zugestanden, die mit Knaben erotischen Umgang pflegten. Platons Diotima war die Erste, die ihm das Wesen einer Gottheit absprach und dem Gegenstand der Liebe einen höheren Rang zuwies als ihrem göttlichen Verursacher. Sokrates gegenüber bezeichnet sie den Eros als »Liebe zum Schönen«, *eros peri to kalon*, und versetzt ihn damit aus dem theosophischen Diskurs in den Diskurs der vernünftigen Ideen. Als Dämon des Begehrens sei Eros der Mittler zwischen Gott und Mensch. Seine Mutter sei *poros*, der Überfluss, und sein Vater *penia*, der Mangel. »Vor allem freilich bedürftig ist er stets, und bei weitem nicht zart und schön, wie die Vielen glauben, sondern spröde und struppig und unbeschuht und heimatlos, im Staube liegend immerzu und unbedeckt, vor Türen und auf Straßen unter freiem Himmel schlafend«. Die himmlische Liebe empfänden nur Menschen, »die in der Seele viel mehr zeugen wollen als im Leibe, das nämlich, was der Seele ziemt zu zeugen«, wie Diotima dem Sokrates erklärt. Das Zeugen der Seelen im Schönen, *tokos en kalo*, war nämlich auf »Weisheit und jede andere Tugend« gerichtet, »deren Erzeuger auch die Dichter alle sind und alle Werkmeister, denen man Erfindungsgabe zutraut«. Im Seeleneros verschwinden die Unterschiede zwischen männlicher und weiblicher Sexualität, denn *tokos* bedeutet sowohl Geburt wie Zeugung. »Indem er nämlich den Schönen berührt und mit ihm umgeht,« sagt Diotima, »zeugt und gebiert er, womit er schon lange schwanger ging, und indem er anwesend und abwesend sein gedenkt, erzieht er auch mit jenem gemeinschaftlich das Erzeugte, so daß diese eine weit engere Gemeinschaft haben als die durch Kinder und eine festere Freundschaft, da sie ja schönere und unsterblichere Kinder gemeinsam besitzen.« Diotimas Schule der Liebe war eine Diätetik der Leidenschaften und eine staatsbürgerliche Lebenskunst, die Entmachtung des Sexus zugunsten des freien Vernunftakts von Menschen, die nicht mehr Sklaven der »heftigen, wilden und gesetzlosen Begierden« des Körpers, sondern auch in der Wahl der Liebesobjekte, sei es die Wahrheit, Gesetze oder die Hausführung, freie Bürger und Herren ihrer selbst bleiben.

Der platonische Mythos einer von aller sinnlichen Begierde gereinigten Seelenliebe verdankt seine triumphale Karriere zweifellos dem prüden und vergeistigten 18. Jahrhundert. Von dem beißenden Staub der Wagen in den Straßen Athens, von verschwitzten Betttüchern, von handgreiflicher Eifersucht berichteten die Überlieferungen der Philosophen und Dichter so wenig wie von einem heißen und stickigen Augustnachmittag in einem winzigen deutschen Kurbad. Wir wissen von diesen uns sehr fernen Menschen des Jahrhunderts der Aufklärung fast alles, was sie gedacht und geschrieben und sehr wenig, wie sie wirklich gelebt und vor allem geliebt haben.

In jeder besseren Gesellschaft kannte man solche Liebespaare, die wie Hölderlin und Suzette der platonischen Liebeskunst huldigten und sich heimlich der sinnlichen hingaben. Therese Forster, die Frau des Mainzer Revolutionärs und Weltumseglers, und Ferdinand Huber, Friedrich Schlegel und Dorothea Veit, Clemens Brentano und Sophie Mereau, Suzettes Jugendfreundin Margarethe Poel und der Hamburger Kaufmann und Schöngeist Caspar Voght, der übrigens ein enger Freund ihrer Schwägerin Eugenie Rodde wurde.

Zweifellos hätte uns der Comte de Villers als aufmerksamer Beobachter der *beau monde* noch manch interessantes Detail berichten können. In diesem Sommer fand auch Villers, nachdem er nach Göttingen weitergefahren war, seine Diotima. Es war Dorothea Schlözer-Rodde, die erste deutsche Doktorin der Philosophie, seit einigen Jahren mit einem Lübecker Kaufmann verheiratet.

Hier in Driburg, in den glücklichen Sommermonaten, war es wohl weniger der Geist der Aufklärung als vielmehr der »Brunnengeist«, wie man die noch nicht chemisch analysierte Kohlensäure nannte, der belebend auf die Sinne der Gäste wirkte, zusammen mit dem äußerst preiswerten französischen Landwein und dem vorzüglichen Essen. Heinse rühmt besonders die frischen Krebse und Forellen aus dem Weserbergland.

Außer Heinse war, nach allem, was wir wissen, noch eine andere Person in Driburg, die das Paar vor Neugierigen schützte: Suzettes Schwägerin Margarethe Gontard, Gredel genannt. Sie war siebenundzwanzig und hatte seit fünf Jahren eine unglückliche Liebe zu Gottfried Ebel, dem Mann, der Hölderlin an das Haus Gontard empfohlen hatte. Weil ihr das Attribut der körperlichen Schönheit fehlte, ihre Bewegungen eckig, die Wangen von Pockennarben gezeichnet waren, galt sie als unweiblich. Ebel traf sie 1790, verliebte sich in sie – Margarethe war es längst – und hielt bei Madame d'Orville um ihre Hand an. Zwar sah man den geistreichen und angesehenen Naturforscher und Arzt gern zum Tee im Gontard'schen Haus, das bedeutete aber noch nicht, »daß eine solche Capacität auch die Berechtigung in sich fühlen könne, um die Hand einer Gontard anzuhalten«.

Margarethe wurde nahegelegt, sich mit dem Prokuristen der Firma Gontard, Herrn Kling, zu verheiraten. Sie lehnte ab. Das Verhältnis von Mutter und Tochter war seither gespannt. Anfang September 96 war Ebel auf dem Weg nach Paris, alarmiert von den neuesten Nachrichten aus der Hauptstadt der Freiheit und Brüderlichkeit. Margarethe war tief bekümmert.

All diese Paare – um nur die berühmtesten zu nennen: Goethe und Frau von Stein, Schiller und Charlotte von Kalb, Friedrich Hölderlin und Suzette Gontard – liebten einander mit Leib und Seele. Ihre Körper mussten verschwiegen bleiben. Aber die Seelen der Dichter sprachen mit allen Zeichen der befriedigten Lust. Freilich hat eine bigotte Nachwelt dafür gesorgt, dass im Verlauf des 19. Jahrhunderts mit derselben ehrfürchtigen Verbeugung vor der Überlieferung, die von Platon über Hölderlin bis zu Bert Brecht die Bibliotheken vor dem Schmutz der Wirklichkeit behütete, delikate Briefstellen unlesbar gemacht, ganze Absätze getilgt wurden, dass Korrespondenzen liebender Paare im Kaminfeuer endeten. Was übrig blieb, der von den Spuren des Lebens gereinigte Geist der Dichtung, verschloss für immer ihre Geheimnisse.

> Ach! Wir lebten so frei im innig unendlichen Leben,
> Unbekümmert und still, selber ein seeliger Traum,
> Jezt uns selber genug und jezt in's Weite verfliegend,
> Aber im Innersten doch immer lebendig und eins.
>   *(… und die ewigen Bahnen …)*

So war es nur natürlich, dass Hölderlin von den zurückliegenden drei Monaten wenig zu berichten weiß. Während die Franzosen über den Rhein zurückweichen und ein drahtiger siebenundzwanzigjähriger General namens Napoleon Buonaparte in Italien seine kleinen Siege häuft, um dem größeren den Boden zu bereiten, während die feindlichen Armeen plündernd und mordend Europa durchpflügen und der Krieg allmählich den Krieg ernährt, kann der Dichter nur melden, dass sie »weiters keine Bekanntschaften (machten), brauchten auch keine, denn wir wohnten unter herrlichen Bergen und Wäldern und machten unter uns selbst den besten Cirkel«.

HYPERIONS ABSCHIED

Anfang Oktober sind sie wieder in Frankfurt. Von den zu Hause Gebliebenen hören sie, schon am Morgen des 12. Juli um neun Uhr seien die Stadttore gesperrt worden, die Franzosen von Friedberg und Bornheim her bis an die Gartenhäuser vorgerückt und von den Wällen sogleich mit Kanonenkugeln begrüßt worden, als Antwort habe man die Einschläge von Haubitzen gehört und dieses gegenseitige Beschießen habe ein halbes Stündchen gedauert, ohne großen Schaden zu machen, zwei französische Parlamentäre seien in die Stadt gelassen worden und hätten vor dem Rat die Kapitulation gefordert, aber eine abschlägige Antwort bekommen, um zwei Uhr in der Nacht, keiner habe ein Auge zugemacht, habe das Bombardement von neuem begonnen, wer noch so lange in Frankfurts Mauern ausgehalten habe, sei Hals über Kopf im Morgengrauen nach Offenbach und Hanau geflohen, für die Zurückgelassenen und sein Eigentum zitternd, in aller Eile habe man in den Straßen nasses Stroh aufgeschichtet und Wasserzuber auf die Böden der Häuser geschleppt, Kinder und Frauen, Kranke und Greise in Kellern und Gewölben versteckt, bis gegen Abend die Feinde am Neuhof oberhalb des Judenviertels eine Hauptbatterie errichtet hätten, welche um Mitternacht mit ihren verderblichen Haubitzen wieder so fürchterlich zu spielen angefangen, dass die Funken aus dem Gebälk in die Luft wirbelten, alle Feuerglocken haben gleichzeitig zu läuten angefangen, die Judengasse mit 140 Vorder- und Hinterhäusern nebst dem Dachstuhl der Synagoge seien in Flammen aufgegangen, überall habe man die Schreie der armen Teufel gehört, denen ein Bein, ein Arm vom Leibe weggerissen worden war, erst am 9. September morgens zwischen 4 und 5 Uhr seien die Franken nach Kapitulation der Österreicher ganz still abgezogen, doch hätten sie noch die Zugbrücke am Bockenheimer Tor zerstört und die Torschlüssel in den Graben geschmissen, auch den regierenden Bürgermeister Schweizer zum Spaß als Geisel mitgenommen, vor dem Tore aber wieder freigelassen.

Jakob Gontard ist auf Geschäftsreisen in Nürnberg, als am 17. Oktober Heinse eintrifft, der den Comte de Villers nach Göttingen begleitet hat und auf dem Heimweg nach Aschaffenburg ist; »er hat gestern Mittag und Abend bey uns gegessen«, schreibt Suzette in bester Laune an ihren Gatten, »den Nachmittag waren wir bei Brevillier im Herbst, Gogel und seine Frau waren auch da, und waren beyde sehr freundschaftlich gegen mich, sie haben sich nächstens einen Thee bey mir ausgebethen«.

Der Herbst, das alljährliche Fest der Weinlese, versammelt die Besitzer der Rebgärten am Röderberg um roh gezimmerte Tische, auf denen sich die Köstlichkeiten der Jahreszeit häufen. Tabletts mit Zwetschgenkuchen, Krüge mit gekühltem Apfelmost, gebratene Lerchen machen die Runde. Ein Feuerwerk wird abgebrannt. In endlosem Zug bewegen sich die Wagen am späten Abend zur Stadt zurück.

»Wir lebten in den lezten schönen Monaten des Jahrs, nach unserer Rükkunft aus dem attischen Lande. Ein Bruder des Frühlings war uns der Herbst, voll milden Feuers, eine Festzeit für die Erinnerung an Leiden und vergangne Freuden der Liebe.«*

Hölderlin freut sich der Ruhe des herrenlosen Hauses und schreibt weiter an seinem Roman. Mit der Rede Hyperions über den Trümmern des antiken Athen schließt das erste Buch. Noch sieht er es vor seinen Augen liegen, das alte Griechenland »zwischen der herrlichen Wildniß des Helikon und Parnaß«, die Landschaft der Kindheit. »Aber was soll mir das? Das Geschrei des Jakals, der unter den Steinhaufen des Altertums sein wildes Grablied singt, schrökt ja aus meinen Träumen mich auf.« Alle Hoffnung wurde bitter enttäuscht, das Vaterland von der Fremdherrschaft befreit zu sehen, »und wenn mich einer einen Griechen nennt, so wird mir immer, als schnürt' er mit dem Halsband eines Hundes mir die Kehle zu«.*

In Briefen an den Deutschen Bellarmin erinnerte sich Hyperion der zurückliegenden Zeit mit Diotima bis zu dem Augenblick, da er nach der gemeinsamen Reise nach Athen von ihr Abschied nahm, um sich mit dem geliebten Freund Alabanda den russischen Truppen im Kampf gegen die Türken anzuschließen. Die Welt wollte er jetzt verändern, die »Sclavenkleider« ablegen. »In der Werkstatt, in den Häusern, in den Versammlungen, in den Tempeln, überall werd' es anders.« Diotima war von der wundersamen Verwandlung des Geliebten beeindruckt, dem nun das »Vaterland« wichtiger wurde als ihre gemeinsamen Stunden. »Es giebt eine Zeit der Liebe«, ermutigte sie ihn, »wie es eine Zeit giebt, in der glüklichen Wiege zu leben. Aber das Leben selber treibt uns heraus.«*

Schon in den Entwürfen zur endgültigen Fassung siegt der Krieg über die Liebe, Alabandas heroische Begeisterung über Diotimas »genialische Ruhe«. Er muss da hin, »wo der junge Freistaat dämmert und das Pantheon alles Schönen aus griechischer Erde sich hebt«.* Hyperions Briefe sind zorniger geworden, die Sprache ist heftig und bitter. Nichts ist übrig geblieben von der schwärmenden Melancholie des liebeskranken Jünglings.

Der zweite Band wird erzählen, wie Hyperion verwundet wird, der Krieg mit der Niederlage der Rebellen endet, er den Freund Alabanda verliert, um Diotima wiederzusehen, sich der Held enttäuscht ins Ausland begeben, neue Menschen und Länder kennenlernen, Italien und Deutschland durchwandern wird.

An den Bruder schreibt Hölderlin: »Du wirst mich weniger im revolutionären Zustand finden, wenn Du mich wieder siehst.« Soll heißen, er hat zugenommen, auch an Selbstvertrauen; sein Aufruhr ist fürs Erste abgebrochen, er ist ruhiger und gesünder. Einige Wochen später an Gottfried Ebel: »Ich glaube an eine künftige Revolution der Gesinnungen und Vorstellungsarten, die alles bisherige schaamroth machen wird.« Den Brief, sorgfältig in der Mitte geteilt, die Ecken nach innen umgeschlagen, siegelt er mit einer steinernen Gemme, auf der ein muskulöser Herkules im Kampf mit dem nemäischen Löwen eingeschnitten ist. Ein Geschenk Suzettes aus Kassel.

»Die Kinder sind alle wohl und ziemlich artig ... mit Henry wirst Du am besten zufrieden seyn, er hat sich nach aller Leute Urtheil zu seinem Vortheil verändert, und ich hoffe er soll ein recht braver Junge werden.« Das freundliche Licht, in das Gontards Frau das häusliche Leben taucht, fällt kräftig auf den Hauslehrer zurück.

Margarete Sömmering, die Freundin, hat ein Kind geboren. Suzette ist Patin, hilft während des Wochenbetts. »Bey uns gehet alles gut«, berichtet sie auch noch drei Wochen später ihrem Gatten, »wir leben sehr häuslich, und es giebt hier wenig Veranlassung zum ausgehen, ich bringe fast alle Abende bei *Soemmerings* zu, alle Donnerstag gehen wir mit den Kindern bey die Mama zum Thee. Das Nachtessen wird uns aus sehr guten Gründen geschenckt. es ist bey ihr übrigens immer noch beym alten, sie ist aber durch die Reise wo möglich noch beweglicher geworden und fegt herum daß einem Angst und Bange wird.«

Einige Häuser tragen Spuren von Einschüssen. Brandgeruch liegt über dem jüdischen Ghetto, mit dem Abriss der verkohlten Ruinen ist erst begonnen worden. Wegen der Truppenbewegungen bleibt die Messe »dißmal sehr leer«. Es ist die Stunde der Geschäftemacher. Mister Carey, Englischlehrer am Gymnasium, hat sich auf Anraten vieler Freunde entschlossen, »eine Darstellung der Stadt Frankfurt am Mayn, so wie sie in der Nacht vom 13ten auf den 14ten Juli beschossen, und den großen Brand so dadurch entstanden ist, von meiner Frau mit aller Sorgfalt und Fleiß gestochen nach einem Gemählde des Herrn Schütz der Vetter auf Subscription in Farben herauszugeben. Die Aussicht ist genommen von den Leichen an dem obern Sachsenhäuser Mayn, wovon man einen Anblick von einem Theil Sachsenhausens, der ganzen Brücke und der Stadt Frankfurt hat. Der Subscriptionspreis ist 3 Laubthaler oder 8 fl. 15 kr. bey dem Empfang des Stücks zu bezahlen. Nach Subscriptionsfrist soll es nicht unter 11 Taler zu haben sein.« Aus dem Geschäft wird nichts. Die Kupferstecherzunft legt beim Rat Beschwerde gegen den illegalen Konkurrenten ein.

In die Enge getrieben zwischen seinen Schutzmächten Preußen und Österreich und den Begehrlichkeiten Frankreichs, war Frankfurt nach dem neuerlichen Kriegsausbruch in einer schwierigen Lage. Den Österreichern hatte der Rat im Frühjahr ein Bataillon von 700 Milizionären versprochen, wenn sie den Schutz der Stadt garantieren würden. Frankfurts Neutralität war damit verletzt, ein französischer Angriff würde erwünschten Anlass finden. Die Ratsherren wollten nun einen Unterhändler nach Paris schicken, der das Vertrauen der französischen Regierung besaß, nach dem Vorbild Hamburgs, dessen Rat den Kaufmann Heinrich Sieveking im Mai 96 bevollmächtigt hatte, das seit einem Jahr bestehende französische Handelsembargo auf finanziellem Wege gütlich zu regeln. Die Frankfurter fanden ihren Mann in dem Journalisten Engelbert Oelsner, einem entschiedenen Girondisten, der seit 1790 in Paris lebte. »Der Hauptentscheidungsgrund in unserem merkantilischen Jahrhundert«, kommentierte der die Lage der Frankfurter, »ist Geld. Geld wird den Reichsstädten die Erhaltung, Geld wird sie der Verlust ihrer Independenz kosten.« Aber Geld gab ihm der Frankfurter Rat, im Unterschied zum Hamburger, nicht mit. Als er im französischen Außenministerium daher nicht vorgelassen wurde, verbreitete Oelsner in französischen Zeitungen seinen Vorschlag, die deutschen Reichsstädte in einer Konföderation zusammenzuschließen, um ihnen auf diesem Wege gegenüber den Großmächten die Neutralität zu verschaffen, die sie für ihre Geschäfte dringend brauchten.

Den Pariser directeurs war der Frankfurter Geldadel seit langem ein Dorn im Auge, versorgte er doch die Emigranten mit Geld, begünstigte die französische Kapitalflucht und stopfte mit den Millionen, die durch den rasanten Verfall der französischen Assignaten (Papiergeld) in Frankfurt verdient wurde, die Löcher in der kaiserlichen Kammerschatulle. Die österreichischen Kriegsanleihen des Bankhauses Bethmann & Söhne betrugen mittlerweile 14 Millionen Gulden; unter Bethmanns Schuldnern waren auch der Herzog von Württemberg und ein gutes Dutzend kleinerer deutscher Fürsten der Koalition. »Die Herren Frankfurter tun eben nicht klug daran, dass sie ihren sogenannten deutschen Patriotismus, d. h. mit andern Worten: ihren elenden Sklavensinn und ihren schmutzigen Kaufmannsgeist, vermöge dessen ihnen die Sache der Menschheit gleichgültig ist, wenn sie nur gewinnen, so laut an den Tag legen«, hieß es in einer deutschen Wochenschrift. Der Verfasser war wieder Georg Friedrich Rebmann, ein enger Freund Gottfried Ebels und Oelsners.

Hölderlin dürfte von Oelsners diplomatischer Mission gewusst haben. Sein Aufsatz stand im Moniteur vom 25. August 1796. Den Bruder Karl lässt er nur wissen: »Ich mag nicht viel über den politischen Jammer sprechen. Ich bin seit einiger Zeit sehr stille über alles, was unter uns vorgeht.« Neu konnte ihm auch nicht sein, dass der Landgraf von Hessen-Kassel plötzlich große Lust verspürte, das hessische Silber- und Goldloch mitsamt seinen Aktiva und Passiva aufzukaufen, indem er großmütig anbot, Frankfurts Kriegsschulden zu begleichen. Aber dazu kam es nicht. Am 29. Oktober unterzeichnet Direktor Barras den Friedensvertrag mit der Reichsstadt, der sie vor weiteren Ausplünderungen schützen soll. Freilich verfolgte Frankreich höchst eigennützige Absichten, wie Oelsner vorhergesehen hatte. Der Bankrott der deutschen Reichs- und Hansestädte hätte den Ruin der französischen Haupthandelsplätze Bordeaux, Marseille und Nantes bedeutet.

Als Jakob Gontard nach erfolgtem Vertragsschluss Anfang November zu seiner Familie zurückkehrt, ist seine Empörung über die französischen Räubereien des Sommerfeldzugs groß. Zuerst die Annexion der norditalienischen Provinzen, Zentren der Textilindustrie. Die lombardischen Schlösser ausgeraubt, Kunstwerke, Möbel und kostbare Einrichtungsgegenstände verpackt und, auf Fuhrwerke verladen, nach Paris geschickt, die Warenlager der Seidenhändler geräumt, Hunderte Fässer mit Goldstücken wechselten den Besitzer. Dann die Besetzung der Schweiz, die Vertreibung der Lyoner Seidenfabrikanten aus ihrem Konstanzer Exil, die Konfiszierung und Zerstörung ihrer Maschinen im August. Schließlich die beispiellose Ausplünderung Frankfurts. Mit einer Kriegssteuer von 6 Millionen Franken in barem Geld sollte die Stadt in die Knie gezwungen werden, dazu 2 Millionen in Warenlieferungen, wovon das erste Drittel Mitte Juli, das zweite den 27., das dritte den 6. August fällig war. Es habe aber, wie es offiziell hieß, das ganze Wohl der Stadt von der Erfüllung dieser Forderung abgehangen, weshalb noch die Ärmsten der Armen sich vor dem Rententurm drängten, ihren letzten Heller hinzugeben. Unter den Geiseln, die für die Bezahlung bürgen mussten, war Gontards Prokurist, Herr Kling, der mit sieben anderen Handelsbürgern auf die Festung Givet gebracht wurde, wo er sich noch aufhielt. Einige Frankfurter Bankiers beglichen durch Privatzahlungen auf französische Geschäftskonten die Forderungen. Die Franzosen zogen ab, die Österreicher wieder ein.

Warum muss Demoiselle Marie Rätzer heftig erröten bei Erwähnung der Österreichischen? – Jener Offizier, der im Frühsommer bei Bethmanns ihre Aufmerksamkeit erregt hat, um dessen Leib und Leben sie den ganzen Sommer bangte, will sie heiraten. Und sie ihn auch.

Gontard hat den jungen Mann bereits begutachtet. Er ist aus gutem Hause, sogar aus sehr gutem. Hessischer Uradel. Sein Name ist Louis Freiherr Rüdt von Collenberg, Premierleutnant im Garderegiment des Erzherzogs Karl.

Marie schüttet den »Pflegeltern« ihr Herz aus. Sechs Monate hat sie ihn nicht gesehen; seit sie aus Frankfurt geflohen waren. Er hat ihr geschrieben aus dem Feldlager bei Amberg. Da war sie schon auf dem Weg nach Driburg.

Aber es war doch alles besprochen zwischen ihnen?

Das schon, aber wisse sie denn, ob ein Mädchen in ihrer Dienststellung in jeden der Stände, die die Zivilisierung hervorgebracht hat – wie sich ihr Bruder in einem Brief aus Bern ausdrückte – eintreten dürfe.

Herr Gontard kann darin keinen Hinderungsgrund sehen. Der zweiten Generation französischer Einwanderer angehörend, tolerant und gutmütig, weiß er, was es heißt, als Bürger zweiter Klasse behandelt zu werden. Wenn also Herr Rüdt seine Marie liebt, wird sich auch ein Weg finden, dass sie miteinander glücklich werden.

Vor Anbruch des Winters hat die Frau des Hauses eine Menge zusätzlicher Pflichten. Von den Bauern werden Kartoffeln und Winteräpfel geliefert. Die Öfen müssen durchgeheizt, die Kamine gekehrt, Feuerholz muss herangeschafft werden. Stiegen, Fässer und Krüge mit den Wintervorräten wandern nacheinander in die Kammer neben der Plättstube,

Gesäuertes und Gepökeltes, Gedörrtes und Eingekochtes, Öl und Essig, Butter und Salz.

Selten hat Suzette eine Stunde für sich. Eine Näharbeit in Händen, lauscht sie in das Innere des Hauses, in dem es nach all den Aufregungen wieder friedlich still ist, während jeder seinen eigenen Beschäftigungen nachgeht. Sie hat ihr Zimmer im Erdgeschoss, »da size ich so gerne zwischen meinen Blumen und arbeite, niemand gehet da mich zu stöhren an meinem stillen Fenster vorüber«.

Die Freiheit der Weiber bestehe in ihrer Unterwerfung unter die Liebe. Der Satz geht ihr nach. Das Weib sehe nicht weiter, und ihre Natur gehe nicht weiter als bis zur Liebe. Liebe sei die Gestalt, unter welcher der Geschlechtstrieb im Weibe sich zeigt, der innigste Vereinigungspunkt der Natur und der Vernunft. So steht es in einem Buch des Professors Fichte. Im Juni, kurz vor Kriegsausbruch, hatte Hölderlin es beim Buchhändler gekauft, »Grundlagen des Naturrechts«. Nur als moralische Wesen seien Männer und Frauen gleichberechtigte Individuen, als geschlechtliches Wesen stehe die Frau um eine Stufe tiefer als der Mann, denn sein Zweck sei einzig Vernunft und ihrer Liebe.

»Liebe ist der innigste Vereinigungspunkt der Natur und der Vernunft«, schloss Fichte. »Das Sittengesetz fordert, daß man sich im andern vergesse; die Liebe gibt sich selbst hin für den andern.«

Wussten diese gelehrten Herren von den Universitäten, wovon sie sprachen? Liebe musste sie nicht lernen, wohl aber, für dieses ihr von der Vernunft – und das bedeutete: von den geltenden Begriffen der Zeit – eingeräumte Recht einzustehen.

Und was hieß denn auch Unterwerfung? Sie muss die Schritte des Geliebten von den andern unterscheiden lernen, muss sich einprägen, wann er aus dem Haus in die Felder stürmt und, wenn er zurück ist, stehen bleibt vor ihrer Tür oder zaghaft sich entfernt, wann sein Unterricht zu Ende ist und sie ihm auf der großen Treppe im Vestibül zufällig begegnen kann, an welchen Tagen Gontard zum Kartenspiel geht und wie lange er gewöhnlich bleibt. Sie muss den Frieden des Hauses hüten, damit seine und ihre Liebe einen Ort hat, wo sie bleiben kann.

Diese Liebe forderte mehr als Unterwerfung, sie forderte den Scharfsinn eines Feldherrn.

Nichts ist mehr wie vor ihrer Reise, nicht die fiebernde Erwartung des Frühsommers, nicht die Begierde nach den Zeichen der Erwiderung. Jetzt gehören sie einander an. Mit derselben schweigenden Selbstverständlichkeit, mit der sie ihren häuslichen Pflichten nachgeht, lebt Suzette in der Gewissheit ihrer Liebe. Sie muss wohl staunen über ihre Mutwilligkeit, die kühle Berechnung jeder ihrer Äußerungen gegenüber Gontard, die zärtliche List, mit der sie Begegnungen arrangiert und kompromittierenden Zufällen im voraus zu entgehen weiß. An unsichtbaren Fäden regiert sie den »häuslichen Cirkel«, schlichtet die kleinen Streitereien der Hausmädchen, tröstet die verliebte Marie, hört geduldig Gontards Berichte über Haussen und Baissen, beschäftigt die Mädchen mit kleinen Arbeiten, ermahnt Henry, lobt die Haushälterin Wilhelmine, kümmert sich um Medizin für Mattern, den alten Kutscher. Sie wird sich nach einem Nachfolger umsehen müssen.

Zum ersten Mal wird ihr jene Unbedingtheit des Willens

abgefordert, die einem starken Charakter erst Form und Umriss gibt und einem durchschnittlichen Leben Notwendigkeit und Schicksal.

Sie wusste, dass ihr Geliebter sich auf einen Zweikampf mit Gontard niemals einlassen würde, dass sie nie ein gemeinsames Leben haben würden. Hölderlin war kein Freigeist wie Friedrich Schlegel, keine starke Natur wie Goethe. Um das Aussichtslose zu kämpfen fiele ihm nicht ein. Wie die Liebe aus dem Roman gewachsen war, wird sie auch wieder, wenn es so weit ist, in ihn zurückkehren. Und wie Ehepaare sich in ihren leiblichen Kindern wiedererkennen, würden sie einander in seinem *Hyperion* erkennen, wenn sie irgendwann in verschiedenen Städten leben müssten.

Gontard kümmerte sich nicht um ihre Wünsche oder darum, was sie in ihrer übrigen Zeit trieb. Ihre körperlichen Kontakte dürften, da die Schwangerschaften dicht aufeinandergefolgt waren, bald nach Malys Geburt aufgehört haben. Sie hatte ihren Teil des Ehevertrages erfüllt.

Später, wenn dieses so sorgfältig errichtete Gebäude aus unschuldigen Lügen und listigen Ausreden, empfindsamen Heimlichkeiten und kalter Selbstbeherrschung über ihnen allen zusammengebrochen sein wird, wird ihre einzige Rechtfertigung sein, dass sie zum Äußersten entschlossen war. »... besser ein Opfer der Liebe! Als ohne sie noch leben.«

Sie hat das Schicksal herausgefordert. Auch wenn sie wissen konnte, dass die Möglichkeit zum größeren Glück immer auch die andere Möglichkeit einschließt – zum größeren Unglück.

Kaum hat sich Hölderlin wieder an seinen Schreibtisch gesetzt – sein Verleger Cotta erwartet täglich die Druckfassung des Romans – überrascht ihn Johann-Noë Gogel mit der Anfrage nach einem Hofmeister für seine Pflegekinder. Ob Herr Hegel, von dem Hölderlin erzählt hat, noch eine Stelle suche.

Hölderlin schreibt sogleich hocherfreut nach Bern, lockt den Freund mit den glänzendsten Aussichten. »Du wirst an HE. u. Fr. Gogel anspruchlose unbefangne, vernünftige Menschen finden, die, so viel sie Beruf zum geselligen Leben haben, durch ihre Jovialität und ihren Reichtum, doch gröstentheils sich selbst leben, weil sie und besonders die Frau, mit den Frankfurter Gesellschaftsmenschen und ihrer Steifigkeit, und Geist- und Herzensarmuth nicht sich befassen und verunreinigen und ihre häusliche Freude verderben mögen.«

Zwei Jahre lang hatten sie mit acht anderen auf ihrer Stube im Tübinger Stift zusammengelebt, Hegel, Schelling und er. Dem Despotismus und der Tyrannei wollten sie ihre Stirnen bieten, den Freiheitsbaum auf den Neckarwiesen aufpflanzen. Bis der Herzog von Württemberg in eigener Person seine Studenten zur Ordnung rief.

Er freut sich auf Fritz Hegel. »... Deine Hieherkunft muß die Vorrede zu einem langen langen interessanten ungelehrten Buche von Dir und mir seyn.«

Mit dem Bedächtigen, dem gründlichen Denker würde er wieder einen ebenbürtigen Kopf in der Stadt haben. Die Philosophie war noch immer sein »Hospital«, wenn es mit dem Dichten nicht so gut ging.

Er wendet sich wieder seinem Roman zu. Die Erinnerung, die das erste Buch in dreißig Briefen ausgebreitet hat, ist mit

Hyperions Abschied von Diotima an ihren Ausgangspunkt gelangt. In Diotimas Briefen erlebt er noch einmal ihre erste Liebe. Mit dem Wissen um die Katastrophe muss der Held den Weg noch einmal gehen, als läge alle Seligkeit noch vor ihm. Hyperion wird darüber zum Dichter. Er muss ein Glück verteidigen, das er schon verloren hat. Im Schreiben ist darum immer auch »eine gewisse Trauer und Demut«. Die kunstvolle Verschlingung von Vergangenheit und Gegenwart, von Ich und Welt beschreibt einen Kreis. Dichtung und Wirklichkeit rücken einander wieder bedenklich nahe. Die Tagesnachrichten des Jahres 1797 haben den Roman eingeholt.

Mit dem 2. Dezember hatte Frankfurt in einem offiziellen Festakt seine Neutralität wiedererlangt, wegen des gastlichen, rücksichtsvollen und aufrichtigen Betragens seiner Bürger während der Belagerung, wie es hieß.

Der Krieg ist aus. Frankfurt stürzt sich wieder ins Vergnügen, man will sich amüsieren. »Der innere Gehalt des Menschen läßt sich jederzeit an seinem Bauch taxieren« (L. Krutthofer). Frankfurt lässt sich seine Lebensart – oder seinen »Bauchdienst«, wie Hölderlin es nannte – einiges kosten. Das ganze Jahr wechseln Maskenbälle, Redouten, Hochzeiten, Geburtstage, »wo dann freilich meine Wenigkeit immer am schlimmsten wegkommt, weil der Hofmeister in Frankfurt überall das fünfte Rad am Wagen ist, und doch der Schiklichkeit wegen muß dabei seyn«.

Im Stadttheater sind Gontards auf eine Salonloge mit sechs Plätzen abonniert. Sie kostet Herrn Gontard auf das Jahr fast so viel wie sein Hauslehrer. Die Nebenloge teilen sich Bethmanns mit Frau Rätin Goethe.

DIOTIMA.

Komm und besänftige mir, die du einst Elemente
versöhntest
Wonne der himmlischen Muse das Chaos der Zeit,
Ordne den tobenden Kampf mit Friedenstönen des
Himmels
Bis in der sterblichen Brust sich das entzweite vereint,
Bis des Menschen alte Natur die ruhige große,
Aus der gährenden Zeit, mächtig und heiter sich hebt.
Kehr' in die dürftigen Herzen des Volks, lebendige
Schönheit!
Kehr an den gastlichen Tisch, kehr in die Tempel zurük!
Denn Diotima lebt, wie die zarten Blüthen im Winter,
Reich an eigenem Geist sucht sie die Sonne doch auch.
Aber die Sonne des Geists, die schönere Welt ist
hinunter
Und in frostiger Nacht zanken Orkane sich nur.

Draußen ist eine kalte Nacht. Vom Main herauf klingen die
Schellen der Pferdeschlitten, die von Pechfackeln erleuchtet unter dem bestirnten Himmel in die Dunkelheit rasen.
An Neuffer berichtet Hölderlin am 16. Februar 1797, als
seien nicht seit seinem letzten Brief acht Monate vergangen:
»... noch bin ich immer glüklich, wie im ersten Moment.
Es ist eine ewige fröhliche heilige Freundschaft mit einem
Wesen, das sich recht in diß arme geist- u. ordnungslose Jahrhundert verirrt hat! Mein Schönheitsinn ist nun vor Stö-
rung sicher. Er orientirt sich ewig an diesem Madonnen-
kopfe.«
Wieder wächst das Trennende zwischen ihnen, die tönen-

de Grenze zwischen Traum und Wirklichkeit. Suzette, einige Zimmer weiter, ist sein schönes Traumbild, seine Muse, »was ich dichte, hat mehr Leben und Form; meine Phantasie ist williger, die Gestalten der Welt in sich aufzunehmen, mein Herz ist voll von Lust«.

Dem Begehren der Körper hält er stand. »Majestät und Zärtlichkeit, und Fröhlichkeit und Ernst, und süßes Spiel und hohe Trauer und Leben und Geist alles ist in und an ihr zu Einem göttlichen Ganzen vereint.«

Er möchte dem Freund mehr erzählen. »Aber ich darf nicht! Ich habe schon oft genug geweint und gezürnt über unsere Welt, wo das Beste nicht einmal in einem Papiere, das man einem Freund schikt, sich nennen darf. Ich lege dir ein Gedicht an sie bei, das ich zu Ende des vorigen Winters machte.« Es ist das älteste Gedicht mit dem Titel *Diotima*, an dem er in mehreren Fassungen weitergeschrieben hat.

Ha! Wo keine Macht auf Erden,
Keines Gottes Wink uns trennt,
Wo wir Eins und Alles werden,
Das ist nun mein Element;
Wo wir Noth und Zeit vergessen,
Und den kärglichen Gewinn
Nimmer mit der Spanne messen,
Da, da sag ich, daß ich bin.

Der Mutter in Nürtingen sind die überschwänglichen Nachrichten aus Frankfurt nicht geheuer. Im November hat sie den Sohn aufgefordert, eine eben freigewordene Stelle als Dorfschulmeister anzutreten. Vierzig Kindern in einer en-

9 Büste Suzette Gontard

gen schwäbischen Schulstube Lesen und Schreiben beibringen – was verlangt sie da von ihm?

Ihr »Friz« verteidigt seine Stellung mit geschickten Detachements. Seine Gesundheit würde er aufs Spiel setzen, sein »unentbehrliches Bedürfniß« zu seinen »Beschäfftigungen«, er sagt nicht welche, müsste unterdrückt werden. Und außerdem »wär es doch nicht dankbar, ein Haus, dem ich bisher nicht einen Zehendtheil der schönen Freundschaft, die ich täglich erfahre, vergelten konnte, und meinen hofnungsvollen Zögling zu verlassen, gerade in einem Zeitpuncte, wo er anfängt, mein Herz und meinen Unterricht eigentlicher zu verstehen«.

Das ist wohl wahr. Gontards wollen ihren bescheidenen Hauslehrer nicht gehen lassen, oder vielmehr, Frau Gontard kann es nicht wollen. Als Erzieher hat er sich längst unersetzlich, als Hausgenosse angenehm gemacht. Man musiziert miteinander, liest sich neue Bücher vor, tauscht Briefe aus. »HE. u. Fr. Gontard fühlen ganz mit mir, wie sehr es ihrem mütterlichen Herzen angelegen seyn muss, mich nahe zu haben. Wir haben mit herzlichem Antheil über Ihren lieben Brief zusammen gesprochen. Wir haben sie gewiss verstanden, liebste Mutter!«

Auch den nächsten Brief vom Januar liest Suzette, in dem Frau Gock dringender seine Rückkehr fordert. Dieses Mal ist es eine Stelle als Hilfspfarrer, mit der sie den Sohn locken will, nebst der ledigen Pfarrerstochter als Beigabe.

Hölderlin rettet sich diesmal in schonungslose Offenheit. »Liebe Mutter! Man begehrt einen tauglichen Menschen. Bin ich denn das, wenn ich ehrlich seyn will?«

Johanna Gock lässt es sich gesagt sein. Er fühle sich zu jung, zu wenig reif und welterfahren, um schon sich zur Ruhe zu setzen im »Hafen der Ehe«. Sie wird es sich gut merken, dass er sich einen untauglichen Menschen nennt, in einem Alter, da andere schon Professoren und Hofräte sind.

Zur Ostermesse 97 rückt eine mütterliche Abordnung in Frankfurt ein, Hölderlins Bruder Karl Gock, der noch immer nicht studiert, sondern seit Januar Amtsschreiber in Markgröningen ist. Hölderlin holt ihn von der Poststation auf der Zeil ab. Er reißt den Bruder stürmisch in die Arme, zieht ein kleines, blassgrün eingebundenes Oktavbuch aus der Rocktasche.

Sein Buch. *Hyperion oder der Eremit in Griechenland. Erster Band.* Auflage 360 Exemplare. Soeben erschienen. Von *Friedrich Hölderlin.* Er ist jetzt ein deutscher Autor.

Karl Gock lächelt steif. Sie haben sich länger als ein Jahr nicht gesehen.

Am nächsten Tag, auf dem Weg nach Homburg zu Isaac von Sinclair, stehen die Brüder auf der Homburger Höhe, von wo man meilenweit sehen kann, ganz nahe »Frankfurt mit den lieblichen Dörfern und Wäldchen die drum herum liegen, und das stolzere Mainz und die herrlichen Fernen, die Fränkischen Gebirge und Wälder des Spessart und das Rhöngebirge, auf der einen Seite, auf der andern den Hundruken, weiter hinauf die Berge an der Bergstraße und die im Elsaß und hinter uns die höchsten Gebirgspizen in der Gegend von Bonn.«

Es ist, auf einen Blick, die politische Landschaft des Frühlings 1797. Auf der einen Seite das südliche Deutschland, wo die »gekrönten Teufel« zur Volksbewaffnung gegen Frankreich aufgerufen haben und lieber das Blut ihrer Untertanen vergießen, als sich zum Frieden zu entschließen, und auf der anderen Seite die von den Franzosen eroberten Gebiete, in denen der alte General Hoche die grün-weiß-roten Fahnen der cisrhenanischen Republik »von Landau bis Düsseldorf« aufpflanzen lässt, wo Leibeigenschaft, Feudallasten und Kirchenzehnte der Vergangenheit angehören. »Der Rhein scheide die Sklaven von den freien Männern!«, war die Parole der süddeutschen Revolutionsbewegung.

Karl Gock hat von Stuttgart gute Neuigkeiten. Einer kleinen Gruppe von bürgerlichen Reformpolitikern war es gelungen, den Herzog nach 27 Jahren zur Einberufung eines Landtages zu zwingen. Vielleicht war es Karl, der einen Packen von Landtagsflugschriften mitgebracht hat, den Hölderlin später zurückzuschicken versäumt. Seit September 96 lagen in Ämtern und Städten sogenannte »Cahiers de Doléance« aus, die – wie in Frankreich am Vorabend der großen Revolution – die Beschwerden der Bevölkerung an die Deputierten übermitteln sollten. Dieser Reformlandtag ist am 17. März zusammengetreten. Zum Beschluss stehen mehr als 200 Anträge, die Aufteilung der Kriegslasten zwischen Hof und Bürgerschaft (der Kaiser hatte allein 4 Millionen Gulden in Requisitionen abgezogen, Frankreichs Kontributionen betrugen noch einmal 6 Millionen Franken), die Abwahl des konservativen Engeren Ausschusses, allgemeines und direktes Wahlrecht, Steuerbewilligungsgesetze, Abschaffung der Leibeigenschaft. »Die Stuttgarter Bürger machen freilich viel Geschrei ob ihrer Nationalversammlung; in Bier- und Weinschänken spricht man von nichts als von den täglichen Verhandlungen«, meldete eine Flugschrift. Die Generäle Moreau und Jourdan stehen im Begriff, über den Rhein zu setzen, und die Ständevertretung hat Frankreich um Schutz gebeten. Schon ist Kehl wieder besetzt; die Österreicher ziehen sich hinter die Nidda zurück. Auf dem Semmering bei Wien hat General Buonaparte vor der Nase Franz' II. seine italienischen Divisionen aufmarschieren lassen.

Während Hölderlin mit dem Bruder weiter nach Mainz wandert, um Freunde Isaac von Sinclair zu besuchen, ist in Stuttgart bereits der alte Engere Ausschuss gestürzt und ein neuer unter Führung von Eberhard Friedrich von Georgii gewählt. Mit diesem Mann, der die Partei des altwürttembergischen Verfassungsrechts anführt, manövriert sich der Landtag nun geradewegs in die gefährlichen Strudel der französischen Außenpolitik.

Frankreichs Sonne sinkt. Aus den französischen Parlamentswahlen waren die Royalisten im Frühjahr als klare Sieger hervorgegangen. Mit Wirkung vom 4. Dezember war jeder aus öffentlichen Ämtern verwiesen worden, der vor dem Sturz Maximilian Robespierres am 9. Thermidor politisch aktiv gewesen war. Zurückgekehrte royalistische Emigranten erhielten ihre Güter und Schlösser, ihre Richterämter und Priesterpfründe zurück, wurden großzügig entschädigt und rehabilitiert. Das Gesetz, eine Art Radikalenerlass, trieb Tausende Revolutionäre, darunter viele deursche Demokraten, in die Flucht.

Nur hatte man im Directoire über dem Eifer, mit dem die radikale Linke verfolgt wurde, wohl die größere Gefahr eines Umsturzes von rechts aus den Augen verloren. Im Rat der Fünfhundert glaubten sich die Konservativen gestärkt. Ein Attentat auf einen der führenden Ideologen der gemäßigten Konstitutionalisten, Joseph Sieyès, am 11. April wurde als Vorbote eines Machtwechsels gedeutet. Paris erstarrt in Erwartung eines Putsches von rechts. Franz von Provence, der Bruder des geköpften Königs Ludwig XVI. wartet in seinem Exil am braunschweigischen Hof auf seine Stunde, um als Louis XVIII zurückzukehren. Die Truppen sind desorientiert und verroht, ihre tapfersten Generäle korrupt oder verhaftet. Die Revolution geht rückwärts. Kein Funke springt mehr über den Rhein.

»Es ist aus, Diotima! Unsre Leute haben geplündert, gemordet, ohne Unterschied, auch unsre Brüder sind erschlagen, die Griechen in Misistra, die Unschuldigen, oder irren sie hülflos herum und ihre todte Jammermiene ruft Himmel und Erde zur Rache gegen die Barbaren, an deren Spize ich war. Nun kann ich hingehn und von meiner guten Sache predigen. O nun fliegen alle Herzen mir zu! aber ich habs auch klug gemacht. Ich habe meine Leute gekannt. In der That! es war ein außerordentlich Project, durch eine Räuberbande mein Elysium zu pflanzen.«*

»Leider ist es nur zu wahr«, schrieb Rebmann in seinen Reisebriefen, die auf der Herbstmesse 97 erscheinen, »daß unsre Heere sich in Räuberbanden verwandeln und der Koalition die größten und wichtigsten Dienste durch ihr Betragen geleistet haben. Dies war der Höllenplan der Urheber dieser abscheulichen Desorganisation, über deren Zusammenhang noch ein schwarzer Schleier hängt, den die Zeit erst wegnehmen wird.«

Als die Brüder zurück sind in Frankfurt, stoßen sie auf kaiserliche Truppen, die sich auf den Hügeln um Frankfurt zusammengezogen haben, um vielleicht die Messe »ein klein wenig (zu) plündern«. Karl reist noch in derselben Stunde nach Schwaben zurück.

Zwei Tage später stehen die Franzosen mit Kavallerie vor

den Stadttoren. Fast gleichzeitig erscheint in scharfem Galopp ein Kurier Napoleons aus Wien, der den Präliminarfrieden von Leoben bekanntgibt. Einen halben Tag schwebte die Stadt zwischen Furcht und Frieden, dann schlossen die Generäle den Waffenstillstand, »die Franzosen zogen sich hinter die Nied, ein paar Stunden von hier zurük, und wir leben jezt wieder ganz ruhig«.

Fritz Hegel wohnt im Gogel'schen Haus neben dem Englischen Hof am Rossmarkt Nr. 15, wo auch 1791 die Französisch-Reformierte Kirche für die Emigranten gebaut wurde. Gegenüber liegen die Vereinsräume der Freimaurerloge »Sokrates« und das Gebäude des Von Cronstetten und von Hynsbergischen Damenstifts; im Frühsommer wird die siebzehnjährige Karoline von Günderode dort zwei bescheidene Zimmer beziehen. Vom Hirschgraben sind es nur ein paar Schritte. Hölderlin geht mit seinem Zögling Henry öfter hinüber. Sie sprechen von philosophischen Sachen, vergessen bald das Kind am Tisch, der von Papieren und Büchern bedeckt ist, darunter vielleicht, wer kann das wissen, die seither verschollenen Seiten jenes Dokuments, das als eines der großen Rätsel des Geistes in die Philosophiegeschichte eingehen wird – des sogenannten *Ältesten Systemprogramms des deutschen Idealismus.* Das Bruchstück beginnt mitten im Satz »eine Ethik.« und schlägt über Moral, Natur, Staat, Religion, Menschheit einen genialischen Bogen zur Idee der Schönheit und zurück über die Vernunft zu einer neuen ästhetischen Religion.

Als Verfasser werden abwechselnd Hegel, Hölderlin und Schelling genannt. Überliefert wurde es in Hegels Handschrift. Doch gelegentlich lügt auch die Schrift und legt der

Phantasie falsche Fährten. Nur Schelling, mit seinem rhetorischen Schwung der Jugendschriften, würde wahrscheinlich solch ein kühnes Gesamtbild aufs Papier geworfen haben und nur die beschämte Einsicht, man habe es hier mit dem Dokument einer romantischen Jugendfreundschaft zu tun, das von der Zeit längst überholt war, konnte den/die Urheber dazu bewegen, auf die Veröffentlichung zu verzichten. Frankfurt war kein Anfang, sondern das Ende jenes denkwürdigen Geisterbundes. Ganz allmählich gingen Philosophie und Poesie getrennte Wege. »O ein Gott ist der Mensch, wenn er träumt; ein Bettler, wenn er nachdenkt; und wenn die Begeisterung hin ist, steht er da wie ein mißrathener Sohn, den der Vater aus dem Hause stieß, und betrachtet die ärmlichen Pfennige, die ihm das Mitleid auf den Weg gab!«*

Als ein Zirkular mochte das Manifest, ursprünglich von Schelling in die vorliegende sprachliche Fassung gebracht, schon seit Ende 1795 unter ihnen in Umlauf gewesen und schließlich in Hegels Portefeuille nach Frankfurt gekommen sein. Das Dokument würde demnach den Stand der Überlegungen der drei philosophierenden Freunde etwa bis zum Winter und Frühling 1795/96 widerspiegeln, also vor der Frankfurter Diotima-Zeit. Zumindest für Hölderlin war es wohl der Schlussstein, nicht das Fundament seiner Kunstphilosophie. Andere sollten sie fertigbauen. Sie heißen Schlegel, Schelling und Hegel. Hölderlin, den Unberühmten, den vor den Augen der Welt gescheiterten Dichter, wird ein Leben in der Einsamkeit, in der schützenden Anonymität der Krankheit erwarten, während die beiden anderen berühmte deutsche Professoren werden.

Am 22. April zog ganz Frankfurt hinaus vor das Bockenheimer Tor zur Feier des Friedensvertrages. Nachdem die Generäle und Gesandten auf ihren Pferden Aufstellung genommen und der Abordnung des Stadtrats feierlich die Schriftrolle übergeben haben, setzt ein Orchester ein, Wein wird ausgeschenkt, und der tüchtige Mister Carey vom städtischen Gymnasium nutzt die Gunst der Umstände und rückt wieder eine »Kunst-Ankündigung« ins Intelligenzblatt, diesmal mit dem Hinweis, dass sich genug Interessenten für das Sujet finden würden, damit auch die Kupferstecher-Zunft nicht leer ausgeht. Aber auch dieses Mal wird nichts aus dem Geschäft. Der berühmte Pferdemaler Pforr liefert das Bild nicht, das zur Vorlage dienen sollte, und Frau Carey hat nichts zu stechen.

DAS EISERNE ZEITALTER

Im Weißen Hirsch gibt es nur noch ein Thema: Maries Hochzeit mit Rüdt von Collenberg. In Schweizer Familienarchiven sind uralte Papiere aufgetaucht, die Gontards Kindermädchen gleichsam über Nacht in eine Berner Patrizierin mit adeligem Stammbaum verwandelt haben; »das frappierte mich«, kommentiert das verblüffte Mädchen, »ich konnte nicht begreifen warum von – auszustreichen war keine Möglichkeit, mußte die Papiere Herrn Gontard geben.«

Herr Gontard ist beeindruckt; wie sie so leichtsinnig sein könne mit einem ›von‹, da es ihr nun einmal zustehe. »Glauben Sie mir«, redet er ihr ins Gewissen, »es ist wichtiger als Sie meinen wenn es Ihnen gehört, Sie wissen daß ich über diese Vorurteile ganz weg bin; wenn Sie einen Bürgerlichen heirateten, gäb ich keinen Heller für das von, aber weil es ein Adliger ist, kann es großen Nutzen haben.« Marie von Rätzer also; »ich kann dir unmöglich sagen wie peinlich mir das ist«, gesteht die so unerwartet Erhobene ihrem Bruder.

Anfang Mai zieht die Familie auf das Adlerflycht'sche Landgut. »Das Haus selbst ist treflich gemacht und man wohnt mitten im Grünen, am Garten unter Wiesen, hat Kastanienbäume um sich herum und Pappeln, und reiche Obstgärten und die herrliche Aussicht aufs Gebirg.«

Wenn Hölderlin erwartet hatte, sein *Hyperion*, die Arbeit von fünf Jahren, würde ihm die Anerkennung, ja sogar die Liebe der Frankfurter erwerben, so sieht er sich getäuscht. Zwar hat ihm sein Buch »manches schöne Wort eingetragen«, aber manch unausgesprochenes wiegt schwerer.

Woher kommt es, dass diese »Gesellschaftsmenschen« so fest, so bestimmt sind, worauf gründen sie ihr entspanntes Selbstgefühl? Dass sich um ihn, wenn er einmal zufällig den Salon betritt, wo Gontards mit Besuchern beim Tee sitzen, ein leerer Raum bildet, eine Lufthülle, durch die man hindurchsieht, das macht ihn halb krank. Hat er ihnen nicht in Hyperion einen Menschen gezeigt, damit sie durch ihn in ihre eigene Leere blicken sollen? »Hier z. B. siehst du, wenig ächte Menschen ausgenommen, lauter ungeheure Karikaturen: Bei den meisten wirkt ihr Reichtum, wie bei Bauern neuer Wein; denn gerad so läppisch, schwindlich, grob und übermüthig sind sie. Aber das ist auch gewissermaaßen gut; man lernt s c h w e i g e n unter solchen Menschen.«

Niemand richtet ein offenes Wort an ihn. Aus Gründen, die ihm verborgen bleiben. Argwohn liegt ihm fern.

Suzette bemerkt es früher. In einer Stadt wie Frankfurt, wo Gewinn mit der Spanne des Tuchhändlers gemessen wird, wo die Person mit ihrem Besitz, Kultur mit einem gut gefüllten Weinkeller und Ansehen mit einem geschickt eingefädelten Anleihengeschäft gleichgesetzt werden, ist immer Gerede. Hinter flatternden Fächern werden Mutmaßungen ausgetauscht über die Verhältnisse im Hause Gontard. Leute, die nie ein Buch in die Hand genommen haben, flüstern nun ihre Namen. Hölderlin und Diotima.

Im Vorübergehen registriert Madame Gontard verlegene Blicke. Sie weiß, was geredet wird. – Das geht doch schon lange. Zuerst dieser Schweizer und jetzt der Hofmeister, wer weiß, wer noch. Wäre nicht die Ehe das Grab der Liebe, gäbe es auch nicht so viele lesende Frauenzimmer. Die Borkenstein hatte schon immer einen Geschmack daran. Unverkennbar ist sie die Griechin vom Großen Hirschgraben, die hochbusige kühle Hamburgerin. Armer Kobus Gontard: Die Begierde zu lesen hat in der weiblichen Welt schon manche Leidenschaften empört und manche sittliche Zerstörung hinterlassen. –

Wie sollte sich Suzette verteidigen, da man doch ihn angreift. Aber nicht den Dichter will man kränken, der Dichter bedeutet ihnen nichts. Ihre Majestät die öffentliche Meinung stürzt sich auf jede noch so banale Anspielung, jedes Gerücht ist ihr recht, um es zum Skandal aufzublähen.

Bis nach Stuttgart, Hamburg, Jena und Berlin spricht man jetzt, im Juni 1797, schon von den Verhältnissen à trois im Haus Gontard, vom drohenden Zerwürfnis der Ehegatten.

Kein rascher Händedruck mehr, keine Umarmungen im Schatten des Waldrands.

»Ich möcht' es an den Himmel schreiben, als des Lebens erstes Gesez: Das Heilige muß Geheimniß seyn, und wer es offenbaret, der tödtet es.«*

Wie immer, wenn sein Leben ihn in die Enge und auf Entscheidungen zutreibt, sucht Hölderlin Ruhe in äußerem Gleichmaß. Er dichtet, unterrichtet seine Kinder, liest. Dann reist Herr Gontard nach Wien. Suzette ist unwohl. Schlechte Zeichen.

»O Freund! Ich schweige und schweige, und so häuft sich eine Last auf mir, die mich am Ende fast erdrüken, die wenigstens den Sinn unwiderstehlich mir verfinstern muß. Und das eben ist mein Unheil, daß mein Auge nimmer klar ist, wie sonst.« Mit zweiundzwanzig habe er besonnener gehandelt als jetzt und richtiger geurteilt von sich und andern, klagt

10 Friedrich Hölderlin

er Neuffer. »O! gieb mir meine Jugend wieder! Ich bin zerrissen von Liebe und Haß.«

Das Leichtnehmen war nie seine Stärke, weil »auch dem schwächsten Feinde der Sieg sehr leicht wird, wenn ihm insgeheim ein Stärkerer vorarbeitet, und unsere stärksten Feinde sind wir selbst«.* Von jeder neuen Niederlage bleibt nur das Ungenügen an sich selbst zurück.

Schon verhört die Mutter Hölderlin über sein Verhältnis, seine Bekanntschaften, seine Hoffnungen. Er weicht aus. »Bei allen Schwierigkeiten, die immerhin bei jedem Verhältnisse meiner Art sich häuffen, such' ich denn doch für jezt nichts anders.«

Noch eine andere Nachricht läuft Anfang August durch die Bürgerhäuser: der weimarische Staatsminister von Goethe ist nach Frankfurt unterwegs. Hölderlin lässt ein Billett hinüberbringen zum Rossmarkt, wo Goethes Mutter seit kurzem wohnt, und bittet empfangen zu werden.

In der Gegenwart des Weimarer Großschriftsteller hat ein junger Dichter der neunziger Jahre es schwer. »Und fühlt er diß, so muß er eigensinnig oder unterwürfig werden. Oder muß er es nicht?« Seinem Brief an Schiller von Ende Juni hatte er die Gedichte »Der Äther« und »Der Wanderer« beigelegt und mit aller ihm möglichen Festigkeit bemerkt, dass er an seiner Bestimmung zum Dichter festhalten, nicht sich mit »eiteln Befriedigungen tröste, und daß ich sonst sehr still bin über das, was ich wünsche und treibe«.

Während Hölderlin noch auf Schillers Urteil über seine Arbeiten wartete, hat dieser sie bereits zur Prüfung an Goethe weitergereicht: »Er lebt jetzt als Hofmeister in einem Kaufmannshause zu Frankfurth«, bemerkte Schiller behutsam,

»und ist also in Sachen des Geschmacks und der Poesie bloß auf sich selbst eingeschränkt und wird in dieser Lage immer mehr in sich selbst hineingetrieben.« Am selben Tag begutachtete Goethe das Übersandte: »Beyde Gedichte drücken ein sanftes, in Genügsamkeit sich auflösendes Streben aus … Ich möchte sagen, in beyden Gedichten sind gute Ingredienzien zu einem Dichter, die aber allein keinen Dichter machen.«

Nun stehen die Ingredienzien vor ihm; »etwas gedrückt und kränklich«, findet die Exzellenz, »aber er ist wirklich liebenswürdig und mit Bescheidenheit, ja mit Ängstlichkeit offen.«

Sympathie ist immerhin im Spiel. Frankfurt, darüber werden sie schnell einig, ist der Ort nicht, um Dichter zu sein oder zu werden. Er glaube sogar, hatte Goethe seinen Freund Schiller Anfang August wissen lassen, hierzulande eine Art Scheu gegen »poetische Productionen« bemerkt zu haben, die ihm allerdings sehr natürlich vorkomme. Lebe doch das hiesige Publico in einem beständigen Taumel von Erwerben und Verzehren, alles sei hier »Waare«, alle Vergnügungen sollen zerstreuen, daher die große Neigung zu Journalen und Romanen, welche noch mehr Zerstreuung in die Zerstreuung bringen.

Hölderlin kann wieder nur lebhaft zustimmen.

Es ist der 22. August 1797. Wie peinlich erinnert ihn sein Auftritt an jenen anderen vor zwei Jahren, als er in Schillers Jenaer Wohnung zum ersten Mal diesem Mann gegenüberstand und in ihm, der still lesend in einer Ecke wartete, nicht den bedeutenden Goethe erkannte, nicht grüßte, in seiner Erregung ihn übersah wie einen Bediensteten. Wie schwer wird es ihm, nun das Wort an den Geheimrat zu richten, dessen Erscheinung womöglich noch würdiger geworden ist, dessen schönes kühnes Profil auf einem respektablen Doppelkinn ruht.

»Die Poesie«, fährt Goethe fort, »verlangt, ja sie gebietet Sammlung, sie isoliert den Menschen wider seinen Willen; sie drängt sich wiederholt auf und ist in der breiten Welt (um nicht zu sagen in der großen) so unbequem wie eine treue Liebhaberinn.« – Weiß er etwa?

Aber Goethe hat seine eigenen Sorgen. Seinen »Haus-Schatz« Christiane Vulpius hat er mit nach Frankfurt gebracht, mit der er seit zehn Jahren im »Ehstand ohne Zeremonie« lebt. Ausgiebig musste sich Christiane von der Frau Rätin begutachten lassen, bevor diese ihr die Hand zum Tochterkuss entgegenstreckte. Er kann einigermaßen beruhigt in die Schweiz aufbrechen und sich unterwegs in Stuttgart – ein Auftrag des Freundes Schiller – ein Bild machen von dem noch verhandelnden Landtag, während Christiane allein die Postkutsche nach Weimar nimmt.

Wolle Er etwas werden in der literarischen Welt, der Rat wird dem jungen Dichter noch billig mit auf den Weg gegeben, so müsse Er sich kleineren menschlichen Gegenständen widmen und diese mit möglichster sinnlicher Fülle vor die Augen bringen.

So wird einer ein Goethe, mit etwas Glück.

Auf dem Gut ist seit Mitte August alles bei der Kirschenernte. Henry nimmt Plutarchs Biographien großer Griechen und Römer durch. Da ist diese Geschichte von Camillus, dem römischen Feldherrn, der das Anerbieten eines etruskischen Schulmeisters während der Belagerung von Veji, die ihm anvertrauten Kinder als Geiseln auszuliefern, empört ablehnt.

Sein Edelmut öffnet ihm daraufhin gewaltlos die Herzen und Stadttore der belagerten Feinde.

Wir wissen davon, weil die Kinder Karl Gock ein Briefchen schrieben, das Hölderlin dem seinen beilegte und irgendeiner der Gock'schen Nachkommen für wichtig genug hielt, um aufgehoben zu werden.

Die Liebe tritt in den Belagerungszustand. Eine politische Lösung ist nicht in Sicht.

Seiner Unruhe sucht Hölderlin wie gewöhnlich in langen Spaziergängen Herr zu werden. Er kann von ihr nicht lassen, sie nicht von ihm. »Aber die Nacht ist wunderschön. Der Himmel und die Luft umgiebt mich, wie ein Wiegenlied.«

Er denkt gar nicht daran, Goethes väterlichen Rat anzunehmen, »kleinere Gedichte zu machen und sich zu jedem einen menschlich interessanten Gegenstand zu wählen«. Im Gegenteil: Einen großen, einen gewaltigen Entwurf trägt er mit sich herum. »Ich habe den ganz detaillierten Plan zu einem Trauerspiele gemacht, dessen Stoff mich hinreißt.«

Der sogenannte »Frankfurter Plan« ist erhalten geblieben. Sein Held ist der griechische Philosoph Empedokles, dessen Biographie Diogenes Laertius erzählt, ein Mann, »durch sein Gemüth und seine Philosophie schon längst zu Kulturhaß gestimmt, zu Verachtung alles sehr bestimmten Geschäffts, alles nach verschiedenen Gegenständen gerichteten Interesses, ein Todfeind aller einseitigen Existenz; und deswegen auch in wirklich schönen Verhältnissen unbefriedigt, unstät, leidend, blos weil sie besondere Verhältnisse sind«. In einem von Henrys Merkheften notiert sich Hölderlin die Handlungsskizze des fünfaktigen Stückes. Nach Abschluss seines Romans hofft er sogleich an die Ausführung gehen zu können.

Von Suzette wissen wir beinahe nichts aus diesen Wochen. Seit sich das Haus in zwei Parteien gespalten hat – misstrauisch und schroff die eine, sprunghaft und unruhig die andere – meidet sie beide. Fast jeden Abend geht sie »in Gesellschaft um nicht gar zu allein zu sein weil ich glaube daß es mir nicht taugt«.

Auch wer es noch nicht wusste, sieht nun überall unmissverständliche Zeichen der Ehekrise. Dem jungen Steigentesch, einem Freund des Freiherrn Rüdt, bleiben sie so wenig verborgen wie anderen Hausgästen. »Frau Suzette ist noch immer vormittags unsichtbar, und hat gern, wenn man nachmittags viel spricht, um ihr das Sprechen zu ersparen.« Beide Paare, das Ehe- und das Liebespaar, kreisen um die eine Sonne. In diesem Leben *à trois* hat freilich Herr Gontard das schlechtere Los gezogen. »Der Braten, wenn sie Hunger hat, der Hund, den sie streichelt, der Vogel, den sie füttert, und ich, wenn ich erzähle, wir bekommen alle den nämlichen, freundlichen Blick, der sich nur etwas bewölkt, wenn Frau Suzette einmal aus Irrtum ihren Gemahl fixiert.«

Madame Gontard ist Geschäftsfrau genug, um zu wissen, was das anhaltende Gerede für die Firma J. F. Gontard & Söhne bedeutet. Um die Ehre des Hauses zu schonen, müsste Hölderlin gehen. Doch das würde sie erst recht verdächtig machen. Was hatten sie sich denn vorzuwerfen? »Aber es ist für den Menschen leicht leben zu lassen was sie im Grunde nicht achten, nur daß was sie beneiden können möchten sie stöhren, und nur daß Wesen welches wahre Liebe erregt, wird um der Liebe willen geplagt.« – Auch Marie war nun aus dem Haus. Am 10. Juli hat sie in Bödigheim den Freiherrn Louis Rüdt von Collenberg geheiratet. Es fehlt ihr ausgleichender Einfluss, ihr Witz, ihre robuste Fröhlichkeit.

Den Luxus, den Suzette sonst gleichgültig genossen hat, verachtet sie nun. Wie sehr empört es sie, dass ihre Liebe so wenig gilt in der sogenannten guten Gesellschaft, »indeß Eitelkeit und armseliges Wesen, sein Fortkommen in der Welt findet«. Was soll sie aber tun, wem sich verbünden, wenn sie den Feind nicht einmal kennt?

In die politische Welt ist Bewegung gekommen. Der Friedensvertrag von Campo Formio beendet nach fünf Jahren den ersten Koalitionskrieg. Ein anderer Wind weht durch das morsche Gemäuer, die Zimmer und Kammern des Hauses Europa werden neu vermietet.

»Gewiß sind wir über den abgeschlossenen Friede sehr froh, wir dadurch vor jedem neuen Besuch der Franzosen gesichert«, schreibt Jakob Gontard sogleich nach der Herbstmesse an Rüdt von Collenberg, »da aber der Mensch nie zufrieden ist, so sind wir es auch nicht ganz bis auch der Reichsfriede gemacht ist.« Frankfurt hat zu viele begehrliche Nachbarn, die bei Gelegenheit der Friedensverhandlungen sich gern bedienen möchten, nun, da es ans Verteilen geht. Am 17. Oktober 1797 bekommt Kaiser Franz II. die Republik Venedig und muss dafür die Niederlande und Lombardei an Frankreich abtreten. Ebenso sollen die linksrheinischen deutschen Reichsstände französisch werden. Über entsprechende Entschädigungen wird ein Friedenskongress verhandeln. Aber der Vertrag von Campo Formio trägt nicht mehr die Handschrift der Revolution, sondern die des kleinen korsischen Generals Napoleon Bonaparte.

Gontard vermeidet es tunlich, in dem Streit zwischen den Kauf- und Bankleuten und dem Frankfurter Stadtrat deutlich Stellung zu beziehen; »wir wünschen nur zu bleiben wie wir sind und fürchten uns vor jeder Änderung«. Während der Rat Neutralitätsverhandlungen mit Frankreich vorzieht, setzt die Kaufmannschaft, allen voran Simon Moritz Bethmann, ein entschiedener Feind aller Revolutionen, nach wie vor auf den Kaiser in Wien: Der Frankfurter Kapitalmarkt ist die Basis der österreichischen Finanzoperationen. Eine von Bethmann im Spätherbst 96 eingefädelte Wiener-Stadtbank-Lotterieanleihe von 4 % wird in diesem Herbst zur Emission aufgelegt.

Unterdessen war in Frankreich am 18. Fructidor des Jahres V der Revolution (4. September 1797) gleichsam in letzter Minute ein royalistischer Staatsstreich verhindert worden. Am Morgen des 4. September umstellten Truppen des Generals Augereau die Tuilerien, überwältigten die Nationalgarde und nahmen die Anführer gefangen.

Im November, Suzettes Bruder Henry und seine Frau sind aus Hamburg zu Besuch gekommen, erscheint in Schillers Musenalmanach Hölderlins Gedicht *An den Aether*. Er hat es mit D. unterzeichnet. D wie Diotima? Das Ergebnis seines zweiten Frankfurter Jahres: drei Gedichte in verschiedenen Journalen, das Erscheinen seines *Hyperion*. Noch immer wird sein Name in der literarischen Welt nur beiläufig unter anderen genannt.

Im Treibhaus deutscher Kunstpoesie wird allmählich die Luft knapp, jede Messe schüttet neue Blumenlesen und Blütenkränze, Almanache, Taschenbücher für Freunde, für Frauenzimmer, für Teutschlands Töchter über die Leser aus. »Ich möchte wissen«, bemerkt distinguiert Hofrat Schiller, der seit Jahren als Redakteur der *Horen* und des *Musenalmanachs* das alles täglich lesen musste, »ob diese *Schmidt*, diese *Rich-*

ter, diese Hölderlins absolut und unter allen Umständen so *subjectivisch*, so überspannt, so einseitig geblieben wären, ob es an etwas *primitivem* liegt, oder ob nur der Mangel einer aesthetischen Nahrung und Einwirkung von außen und die *Opposition* der empirischen Welt in der sie leben gegen ihren *idealischen* Hang diese unglückliche Wirkung hervorgebracht hat.«

In den Briefen, die auf der Postchaussee zwischen Jena und Weimar hin- und herfliegen, wird der poetische Garten erbarmungslos gerodet; wenn auch gelegentlich die falschen Köpfe rollen.

»Ich bin mit dem gegenwärtig herrschenden Geschmak so ziemlich in Opposition«, schreibt Hölderlin an Neuffer, »aber ich lasse auch künftig nicht von meinem Eigensinn.« Zu kahl ist ihm die Sprache der neueren Dichter, zu nüchtern, ohne empfundene Wahrheit, »wo man dann am Ende recht gut weiß, daß ein Hase über den Weg lief und kein anderes Thier, aber hiemit sich auch begnügen muß«.*

Aber noch mehr steht der herrschende Geschmack mit Herrn Hölderlin in Opposition. Man macht sich lustig über ihn, der »immer aufs neue, und immer vergeblich sich martert, in seinen Gesängen das Unaussprechliche zu verkünden«. Seine Sprache gilt als überspannt und dunkel. »Sein poetischer Ausdruck ist … zusammengestückt und mit fremden Worten vollgepfropft.«

Und dann erscheint in der *Neuen Allgemeinen Deutschen Bibliothek* zu Anfang des neuen Jahres die erste Rezension des *Hyperion, 1. Band.* Auch dieser Rezensent kann »für jetzt nichts weiter finden, als ein buntes Gewebe von Empfindungen, Gedanken, Phantasien und Träumen … Etwas verdächtig sieht es übrigens aus, wenn man die Scene eines Romans nach Griechenland verlegt, und mit der Nachschreibung der eigenen griechischen Namen noch nicht auf das Reine gekommen ist.« Ein winziger Druckfehler auf der ersten Seite reicht diesen boshaften Kerlen für eine Hinrichtung.

Erzähl von den Himmlischen, Hölder.

Außer Henry sind die nun neunjährige Henriette und die achtjährige Helene, die hübscheste der Gontard-Töchter, Hölderlins Schülerinnen.

Die Zeit der Götter ist vorbei. Die Menschen des Eisernen Zeitalters sind ein armseliges Geschlecht, das nur Mühe und Not kennt und niemals Ruhe findet. Und irgendwann einmal wird auch das letzte Geschlecht der sprechenden Menschen von der Erde verschwunden sein. Vorher aber wird alles Elend und alle Schlechtigkeit noch schlimmer werden. Vater und Kind, Gastgeber und Gast, Freund und Freund werden einander nicht mehr achten, Geschwister werden sich nicht mehr lieben, die einen werden die Städte der anderen verheeren. Wer seinen Schwur hält, wird nicht in Ehren stehen, auch nicht der Gerechte und der Gute. Aber Achtung wird der Gewalttätige und der Betrüger genießen, das Recht sitzt in den Fäusten, der Böse schädigt den Guten, denn er redet in falschen Worten und sein Schwur ist Meineid, der Neid gibt dem Unglücklichen schlechten Rat und verfolgt mit bösen Augen seinen Untergang. Das erste Zeichen alles dessen wird aber sein, dass die Kinder mit grauen Haaren geboren werden.

Warum verharrt er noch in einem Zustand, den beide kaum noch ertragen können? Weil die Liebe ihm Gelassenheit der Seele verschafft, während »im Gegentheil die Kälte und geheime Unterjochungssucht der Menschen mich, bei aller Vorsicht, deren ich fähig bin, doch immer überspannt und zu unmäßiger Anstrengung und Bewegung meines innern Lebens aufreizt … Aber wer erhält in schöner Stellung sich, wenn er sich durch ein Gedränge durcharbeitet, wo ihn alles hin und her stößt? Und wer vermag sein Herz in einer schönen Gränze zu halten, wenn die Welt auf ihn mit Fäusten einschlägt? Je angefochtener wir sind vom Nichts, das, wie ein Abgrund, um uns her uns angähnt, oder auch vom tausendfachen Etwas der Gesellschaft und der Thätigkeit der Menschen, das gestaltlos, seel- und lieblos uns verfolgt, zerstreut, um so leidenschaftlicher und heftiger und gewaltsamer muß der Widerstand von unsrer Seite werden.«

Die Rechtfertigung seiner Lebensweise gegenüber der Mutter setzt sich im Februar 1798 fort. Johanna Gock drängt auf seine Rückkehr.

Er ist in einem Dilemma. Schreibt er ihr, dass seine Lage, so günstig sie ihm nach den äußeren Umständen erscheint, für sein »wahres Interesse« eigentlich schädlich sei, so ist es die alte Unzufriedenheit, das Unstete seines Charakters, die Unreife, die sie darin sehen wird. Spricht er aber von der Unmöglichkeit, sich von Frankfurt zu trennen, so wird sie den wahren Grund erraten und erst recht keine Ruhe geben.

Und dennoch ist seine Situation seit zwei Jahren genau diese, »wo sich immer zwei Parthien für und gegen mich bilden, wovon die eine fast mich übermüthig und die andre sehr oft niedergeschlagen, trüb und manchmal etwas bitter macht … Das beste wäre freilich gewesen, sich still und in Entfernung, und mit beeden Theilen die Beziehungen so allgemein, als möglich, zu erhalten. Aber diß geht wohl an, wenn einer sein eignes Haus und keine besondren Verhältnisse hat, wo man oft in häufige Beziehungen geraten muß.«

Er wolle also weiter aushalten, weil er es nicht über sich bringen könnte, im Unfrieden von den Menschen zu scheiden, mit denen er seit zwei Jahren lebe. »Man muß eben denken, daß man die Ehre, unter die gebildetere Klasse zu gehören, überall mit etwas Schmerz bezahlen muß. Das Glük ist hinter dem Pfluge.«

In der Nacht vom 22. zum 23. Dezember 1797 war der alte Herzog von Württemberg gestorben, und der Erbprinz, ein entschlossener Gegner der Stände, übernahm als Herzog Friedrich II. die Regierungsgeschäfte.

Mit dem neuen Jahr scheint Hölderlin plötzlich wie ernüchtert. Er sieht die Überspanntheit seiner Jugend, die übermäßige Anstrengung, Großes zu vollbringen. Als die Wintersaison mit ihren vielen Einladungen, Bällen, Diners hinter ihm liegt, ist er noch immer an demselben Punkt. »Weist Du die Wurzel alles meines Übels?«, klagt er dem Bruder. »Ich möchte der Kunst leben, an der mein Herz hängt, und muß mich herumarbeiten unter den Menschen, daß ich oft so herzlich lebensmüde bin. Und warum das? Weil die Kunst wohl ihre Meister, aber den Schüler nicht nährt.«

Also was soll er tun, der sich ewig als Schüler fühlt. »Nicht wahr, ich bin ein schwacher Held, daß ich die Freiheit, die mir nötig ist, mir nicht ertroze. Aber siehe, Lieber, dann leb' ich wieder im Krieg, und das ist auch der Kunst nicht günstig.« Über den Kriegsgrund spricht er nicht. »Laß es gut seyn! Ist doch schon mancher untergegangen, der zum Dichter gemacht war. Wir leben in einem Dichterklima nicht.«

Eine vorübergehende Trennung würde allen guttun. Er möchte mit Henry reisen, über Schwaben in die Schweiz. Die Schweizer Kantone haben sich im Januar und Februar gegen die patrizische Oligarchie erhoben, mit den einmarschierenden Franzosen spontan fraternisiert und am 18. März 1798 die Helvetische Republik ausgerufen.

Am 10. März schreibt er der Mutter, dass er, sollte er noch länger in Frankfurt bleiben, ihr einen Besuch machen wolle.

Dazu kommt es nicht. Herr Gontard will den Sohn nicht weglassen ohne die Mutter, die Mutter nicht mit dem Hofmeister. Und schon gar nicht in ein revolutionierendes Land. Ohne Henry will Hölderlin nicht reisen, »weil es doch möglich wäre, daß er sich vernachlässigte, während ich nicht um ihn wäre«.

Die Belagerung geht in das zweite Jahr. Die Festung hält. So kann es nicht weitergehen. Sein ständiger Missmut, die düstere Melancholie, mit der er in Frankfurt ankam, Magenschmerzen und Kopfweh melden sich zurück.

Er nimmt einen letzten Anlauf. Er hat 500 Gulden gespart, genug, um ein Jahr davon zu leben. Ohne die Zustimmung der Mutter, die sein ererbtes Vermögen gewissenhaft verwaltet, kann er es nicht wagen.

Er bereitet sie behutsam vor. Wer könne in diesen schlechten Zeiten sich aussuchen, womit er sein Brot verdient, ob es auch »ehrenhaft, reell und passend« für ihn sei. »Hätt' ich mich zu nichts gebildet, als mein Brod zu verdienen auf der Kanzel, die ich nicht betreten mag, weil sie zu himmelschreiend entweiht wird, hätt ich zu sonst nichts die Jugendkräfte verwandt, so möcht' es bald vieleicht ein wenig mißlich stehn, mit meinem Broterwerb.« Er will, nur einmal, als freier Schriftsteller zu leben versuchen, eine Zeitschrift gründen vielleicht. Neuffer gegenüber macht er jetzt so eine Andeutung, als wolle er aus Frankfurt weggehen. Von den Messen schickt er kleine Geschenke nach Hause, ein Haarnetz oder einen Fächer für die Schwester, gutes englisches Stiefelleder für den Schwager, ein Stück Westenstoff aus Kaschmir für Karl.

Mitte April: »es sind so wenige, die noch Glauben an mich haben, und die harten Urtheile der Menschen werden so lange mich herumtreiben, bis ich am Ende, wenigstens aus Deutschland, fort bin.«

Suzette ist oft unwohl. Drei Jahre fast hat sie dem Gatten ihren Willen aufgezwungen, nun zwingt er ihr seinen auf. Gontard lässt das Paar spüren, dass ohne seine Zustimmung sie keine Minute, keine Stunde mehr füreinander haben werden. Er demütigt sie. Es gibt Szenen, ausgesprochene Feindschaft und unausgesprochene. – Worauf gründet Herr Gontard seine anmaßende Heftigkeit? Auf seinen Stand, sein Eigentum? Aber was kann er sein eigen nennen, hat er etwa Talent, Geist, hat er ein Werk zu vollbringen?

Und worauf gründet der Herr Hölderlin sein Recht, dass er beständig bei seiner Frau sitzt? Hat er etwa Ansprüche auf besondere Behandlung zu machen, nur weil er zum gebildeten Stand gehört? Werde er dafür nicht anständig bezahlt, sei er nicht ein Domestik wie die andern?

»Ich bin so innigst angefochten, bin so unerhört gekränkt, bin ohne Hoffnung, ohne Ziel, bin gänzlich ehrlos, und doch ist eine Macht in mir, ein Unbezwingliches.«*

Während die Geleitzüge der Kaufleute wieder zur Messe ziehen, macht Hölderlin seinem Zorn Luft. »Je mehr Rosse

der Mensch vor sich vorausspannt«, möchte er Herrn Gontard sagen, »je mehr der Zimmer sind, in die er sich ver-
schließt, je mehr der Diener sind, die ihn umgeben, je mehr
er sich in Gold und Silber stekt, um so tiefer hat er sich ein
Grab gegraben, wo er lebendig-todt liegt, daß die andern
ihn nicht mehr vernehmen und er die andern nicht, troz all
des Lärms den er und andre machen.« Er würde Gontard
zu verstehen geben, dass dieser durchaus nicht Herr seiner
Lage sei, da ihm so offensichtlich das Bewusstsein seiner Be-
schränkung mangele. »Der einzige, den diese traurige Komödie noch glüklich macht, ist der, so zusieht, und sich täuschen läßt.« Schließlich würde er, mutig geworden durch
seinen entschiedenen Ton, Herrn Gontard durch schonungslose Offenheit entwaffnen. »Könnt' ich doch nur auch recht
große Augen machen, vor der Herrlichkeit der Welt! Ich
wäre glüklicher und vieleicht ein ganz erträglicher junger
Mensch! So aber kann man mir nicht imponiren, wenn man
mir nicht durch Karakter imponirt und durch Genie, und
weil das in der Welt so seltne Dinge sind, so war ich laider!
auch so selten in der Welt demüthig, wie es sich gehört. Jezt
bin ichs freilich, seit ich etwas mehr gelitten habe, doch ist
das die rechte Art nicht. –« Aber er sagt ihm nichts dergleichen. Er schreibt es der Schwester.

Der zweite Band des *Hyperion* muss zum Verleger, solange
Hölderlin von dem Geld zehren kann, das ihm Gontard
zahlt. Hyperion scheidet also aus dem Kriegsdienst. Enttäuscht von der Feigheit und Ehrlosigkeit der Armee, verliert er auch den Glauben an seine Liebe und schlägt Diotima die Trennung vor. »Ach! Ich habe dir ein Griechenland
versprochen und du bekommst ein Klaglied nun dafür.«*

Sie willigt traurig in den Abschied ein. Da überlegt er es sich anders und begibt sich nach Kalaurea, um Diotima wiederzusehen und mit ihr zusammen wegzugehen. Ein Brief ereilt ihn auf dem Wege dorthin mit der Nachricht von ihrem Tod. Entsetzt, »von großem Schmerz getrieben«, verlässt Hyperion Griechenland und sucht Zuflucht am Fuße des Ätna auf Sizilien. Aber so ohne Selbstachtung, ohne Halt im Leben, ist ihm die große Natur kein Trost, »denn wirklich! wie ich jezt bin, hab ich keinen Nahmen für die Dinge und es ist mir alles ungewiß«.*

Er wandert, ein Dichter unter Barbaren, durch Deutschland. »Voll' Lieb und Geist und Hoffnung wachsen seine Musenjünglinge dem deutschen Volk' heran; du siehst sie sieben Jahre später, und sie wandeln, wie die Schatten, still und kalt, sind, wie ein Boden, den der Feind mit Salz besäete, daß er nimmer einen Grashalm treibt ... Es ist auf Erden alles unvollkommen, ist das alte Lied der Deutschen. Wenn doch einmal diesen Gottverlassnen einer sagte, daß bei ihnen nur so unvollkommen alles ist, weil sie nichts Reines unverdorben, nichts Heiliges unbetastet lassen mit den plumpen Händen ...«*

Sein Zorn ist wortreich. Aber die Schläge, die er verteilt, gehen ins Leere, solange der literarische Erfolg ausbleibt. »Ich weiß es wohl, daß ich noch nichts bin, und vieleicht, ich werde nie nichts werden. Aber hebt das meinen Glauben auf? Und ist mein Glaube darum Einbildung und Eitelkeit? ... Uns selber zu verstehn! Das ists, was uns emporbringt. Lassen wir uns irre machen an uns selbst, an unserm Telos, oder wie Du's nennen willst, dann ist auch alle Kunst und alle Müh umsonst.«

Im Mai schickt Marie die Nachricht von der Geburt ihres ersten Kindes, einer Tochter. Suzette gibt Ratschläge für das Stillen und verspricht, sie bald zu besuchen.

Wie immer ist »die Zeit, die auf den Mai folgt, die unruhigste im Jahr« für Hölderlin. Es ist ihr letzter Sommer, sie wohnen wieder im Gartenhaus. Immer länger bleibt er draußen in den Feldern, stundenlang läuft er über die Hügel um Frankfurt, tief in die Wälder des Niddatals hinein, auf den Röderberg, die Schreibtafel in der Rocktasche. Es ist ihm alles zu eng geworden – das Haus, das ihm die Freundin bot, die Stadt, in der sie zusammen wohnen wollten. Nur vor dem gewaltigen Hintergrund des leeren Himmels fühlt er sich noch selbst, wo die Dinge Namen haben, wo ihn der Berg trägt »auf seiner kräftigen Schulter« und unter seinen Füßen sich »das rauhe Thier des Feldes« streckt.

Das Ungenügen an sich selbst und der Streit des Hauses treiben ihn hinaus in die Natur. Die Liebe treibt ihn zurück. Hölderlins Krankheit war unheilbar: ein Bewohner des Himmels und der Erde, der in den Zwischenräumen seiner Existenz verlorenging.

Könnt' ich die Knechtschaft nur erdulden, ich neidete
　　　　　　　　　　　　　　　　　nimmer
Diesen Wald und schmiegte mich gern ans gesellige
　　　　　　　　　　　　　　　　　Leben.
Fesselte nur nicht mehr ans gesellige Leben das Herz
　　　　　　　　　　　　　　　　　mich,
Das von Liebe nicht läßt, wie gern würd' ich unter euch
　　　　　　　　　　　　　　　　　wohnen!
　　　　　　　　　　　　　　　　　(Die Eichbäume)

Es gibt von Suzette Gontard kein Porträt, nur einige plastische Werke des schwäbischen Bildhauers Landolin Ohmacht, darunter ein Marmorrelief in nahezu natürlicher Größe etwa aus dem Jahr 1792 und eine 21 cm kleine Büste aus Alabaster. In der Gegend des Scheitels verläuft eine feine schwarze Ader. Das schmale tiefernste Gesicht, der verschlossene Mund, den die erschlaffte Oberlippe zu den Winkeln herabzieht, gehören einer erschöpften, von Entsagung und Pflicht vorzeitig gealterten Frau. Die Gipsmaske, die der Künstler von ihrem Gesicht nahm, hält diesen einen Augenblick fest, in dem sie für immer gefangenbleibt, gestorben mitten ins Leben. Wären nicht die Augen unter dem festen Lidrand weit geöffnet, man müsste es für das Antlitz einer Toten halten.

DIE ENTFERNUNG ODER
EINUNDZWANZIG AUGENBLICKE
DER UNSTERBLICHKEIT

1

Der Sommer wird ihr unangenehm in Erinnerung bleiben.

Henry war an einem infektiösen Fieber erkrankt und Hölderlin mit ihm allein draußen auf dem Adlerflycht'schen Hof. Sie blieb mit den Mädchen in der Stadt.

Vom 1. September 1798 datiert Hölderlins letzter Brief aus Frankfurt, an die Mutter, vom 27. September Henrys Brief, in dem er nach seinem Lehrer verlangt und ihm ein Päckchen Tabak mitschickt.

»Lieber Hölder! Ich halte es fast nicht aus, daß Du fort bist.«

Hölderlin verließ das Haus vor Mittag. Hähnisch, der Hauslehrer bei Franz Gontards Kindern, war vormittags da, um ein Buch zu holen, und fragte nach ihm. Henry und Jette sagten, er sei fortgegangen. Henry ging mit Hähnisch zu Hegel, der sagte, Hölderlin hätte es lange schon vorgehabt. Herr Hölderlin lasse sich empfehlen, richtete Henry dem Vater beim Mittagessen aus.

Nach solcher Innigkeit nun Stille. Nichts regt sich im Haus, in dem sie so gern gelebt hat; »jetzt ist's als gienge ich in einem großen Kasten mich da einsperren zu lassen«. Sie legt sich noch bei Tageslicht mit den Kindern zu Bett.

Im Oktober bekommt Henry einen Brief von Hölderlin. Gehorsam zeigt er ihn dem Vater. Herr Gontard nimmt den

Brief an sich. Den Kindern wird verboten, noch einmal von ihrem entlaufenen Erzieher zu sprechen.

»Ich muß Dir schreiben Lieber! Mein Herz hält das Schweigen gegen Dich länger nicht aus, nur noch einmal laß meine Empfindung sprechen vor Dir, dann will ich, wenn Du es besser findest, gerne, gerne, still seyn.

Wie ist nun, seit Du fort bist, um und in mir alles so öde und leer, es ist als hätte mein Leben, alle Bedeutung verlohren, nur im Schmerz fühl ich es noch. − −«

Sie schrieb, ohne zu wissen, ob er es lesen würde. Er würde nicht als Erster schreiben. Sie hatte es ihm, als sie noch zusammen lebten, nicht erlaubt, und er hielt sich daran.

Es war so schnell gegangen, dass sie nichts verabredet hatten. Er war aus dem Haus gegangen, den Hirschgraben hinunter, in die Stadt. Das war alles.

Der Schock überfällt sie wie eine Lähmung; »dieser gewaltige Schlag des Schicksaals hat mich ganz in mich selbst gekehrt«.

Sie geht in sein Zimmer, starrt geistesabwesend auf die verschlossene Kommode, in der er seine Sachen und einige Kupferstiche aufbewahrte. Sie will sie öffnen, aber das Schloss klemmt. Erst Wochen später wird ihr jeder dieser Tage bewusst, die sie wie im Traum herumgegangen ist; »ich schloß deinen Schreibpult auf fand noch einige Stückgen Papier, ein wenig Siegellack, einen kleinen weißen Knopf und ein hartes Stück Schwartzbrod«.

Sie trägt diese Dinge lange bei sich, eine Beute besserer Tage.

Aus dem Brief an Henry wusste sie, dass Hölderlin in der

Zwischenzeit in Frankfurt gewesen war; ihr fällt ein, dass sie »ungefähr um halb neun«, da er vor dem Haus vorbeigegangen sein musste, aus dem Fenster gesehen und gedacht hat: »wenn ich Dich doch im Schein der großen Laterne erblickte«.

Die Kinder meiden die Erwachsenen; die Dienstboten sind unsichtbar. Alle Rücksichten fallen nun weg, alles Leben scheint mit dem Sanften weggegangen. Es fehlt der geheime Mittelpunkt. Nur Henry ist vorlaut und »spielt den Herrn«, wie seine Mutter findet.

Er wusste, was vorgegangen war. Er hatte sich zu ihrem Komplizen gemacht. Einmal sagt er, als er sie mit geröteten Augen aus Hölderlins Zimmer kommen sieht: »aus diesem Zimmer hast Du schon viel verlohren! Erst Deine Mutter, und dann auch Deinen Hölder! Du magst es gewiß nicht mehr leiden!«

Im Übrigen spricht man nicht weiter über den Vorfall.

»Fühlen! – Mein Herz fühlt noch in dieser armen, alles tödenden Zeit lebendig und warm, sehnt sich nach Würklichkeit, nach dem Wiederhall der Liebe, nach Mittheilung, Einklank, Harmonie!«

Seine Entfernung, weiß sie, war unumgänglich. Und doch brauchte sie einen äußeren Anlass. Ein leichter Luftzug, eine winzige Bewegung, und das Haus erzitterte in allen Fugen.

Jetzt wirft sie sich vor, ihn gebeten zu haben, er solle sich entfernen, nach der Auseinandersetzung mit Gontard am Morgen; nicht weil sie weitere Feindseligkeiten fürchtete, sondern weil dieser Auftritt wie ein »gewaltige(r) Riß« war, drohend klar in seiner Eindeutigkeit und so unerwartet hef-

11 Ich muß dir schreiben Lieber! …

tig, dass sie kapituliert hatte; »und die Gewalt welche ich fühl-
te machte mich gleich zu nachgiebig, wie manches dachte ich
nachher hätten wir noch für die Zukunft ausmachen können?«

Sie hätte nicht gedacht, dass es so schwer würde. Die kleinen Kriege haben sie bis ins Herz ermüdet.

2

Trennen wollten wir uns, wähnten es gut und klug;
   Da wir's thaten, warum schrökt' uns, wie Mord,
                  die That?
  Ach! wir kennen uns wenig,
    Denn es waltet ein Gott in uns.
                     (Die Liebenden)

Hölderlin war jedenfalls vorbereitet. »Ich war doch aus der
trägen Resignation heraus, wo man nichts mehr will, und
nichts mehr achtet, aus der Todtenruhe, die bei allem Scheine von Weisheit, womit sie von den Faigen gepredigt wird,
gewis das nichtswürdigste ist, worein ein Mensch gerathen
kann. Entschuldige sich keiner, ihn habe die Welt gemordet! Er selbst ists, der sich mordete! in jedem Falle!«*

In Homburg hat er bei einem Handwerksmeister eine
Wohnung für 70 Gulden im Jahr, drei kleine Zimmer, »wovon ich mir das eine, wo ich wohne, mit den Karten der 4
Weltteile dekorirt habe«, im andern steht ein großer Tisch,
an dem er isst, ein Bett, eine Kommode. Im dritten Zimmer,
das er »Kabinet« nennt, hat er »einen Schreibtisch wo die
Kasse verwahrt ist, und wieder einen Tisch, wo die Bücher

und Papiere liegen, und noch ein kleines Tischchen am Fenster, an den Bäumen, wo ich eigentlich zu Hauße bin, und mein Wesen treibe«.

Hinter dem Haus ist der Garten mit einer Laube, die zu nutzen er Erlaubnis hat. Für das Mittagessen zahlt er täglich 16 Kreuzer, abends nimmt er wie immer nur Obst und Tee zu sich.

Homburg hat seine beste Zeit hinter sich. In den siebziger Jahren, als liberal denkende Männer sich um den heranwachsenden Landgrafen sammelten, hat die berühmte Sophie La Roche hier gewohnt. Schriftsteller, Lebenskünstler, prominente Freimaurer und obskure »Aventurier« kamen aufs Schloss, wo es eine Bibliothek mit 16 000 Bänden gab, und knüpften gelehrte Korrespondenzen bis nach Uppsala und Zürich. Und es fehlte vielleicht nur ein Carl August von Sachsen-Weimar, dass Homburg ein anderer deutscher Musenhof geworden wäre. Weichmütig und zart besaitet, hatten Friedrich Ludwig II. eine brutale Erziehung unter den Händen eines soldatischen Hofmeisters – es war der Vater Isaac von Sinclairs – zum Stotterer und Melancholiker gemacht und die Ehe mit der reichen Caroline von Hessen-Darmstadt zum Almosenempfänger der fürstlichen Verwandtschaft. Das Regieren war ihm zeitlebens eine schwere Last, die er umso lieber auf festere Schultern ablud, als seine viertausend Untertanen, verstreut über sechs Dörfer und einige weit entfernte Landgüter, ebenso arm waren wie die landgräfliche Familie mit ihren zehn Kindern. Der junge Sinclair, in der Gunst und Liebe des Landgrafen bereits zum Wirklichen Regierungsrat aufgestiegen, hatte die pädagogische Rosskur des Vaters sichtlich besser verkraftet. Was den einen Charakter zerbrach, machte den andern zu einem biegsamen Diplomaten und Politiker. Dieser Isaac von Sinclair war es, fünf Jahre jünger als Hölderlin, der nur darauf gewartet hatte, den Dichter wieder in die Arme zu schließen.

Nach vierzehn Tagen entschließt sich Hölderlin, der Mutter Nachricht über seinen Umzug zu geben. Ihr versichert er, wie wohlüberlegt und angemessen die Veränderung seiner Lage sei, dass er auf Veranlassung des »Regierungsrath von Sinklair« Frankfurt verlassen habe, um mit dessen Unterstützung – er wählt mit Sorgfalt seine Worte – » e n d l i c h e i n e n g e l t e n d e n P o s t e n i n d e r g e s e l l s c h a f t l i c h e n Welt v o r z u b e r e i t e n «. Auch vergisst er nicht zu erwähnen, dass er in der Gunst des Hessen-Homburgischen Hofes stehe – zwei unverheiratete Prinzessinnen seien Bewunderinnen seines *Hyperion*. Vorsichtig spricht er von seinen »Geschäfften«, von den »eigenen Arbeiten« in seinem »künftigen Fach«, die sich mit den Pflichten des Erziehers nicht vertragen hätten auf die Dauer. Er rühmt »seine« Kinder, seine Erfolge als Erzieher und appelliert an den schwäbischen Biedersinn der Mutter, die unmöglich ohne Empörung zusehen konnte, wie ihr Sohn, zu den schönsten Hoffnungen berechtigt, von seinem Dienstherrn mit »unhöflichem Stolz« behandelt wurde, wie »die geflissentliche tägliche Herabwürdigung aller Wissenschaft und aller Bildung« ihn beleidigen mussten, »weils eben Ton in Frankfurt ist«. Vor allem macht er ihr klar, wie » b e s o n d e r s d i e r e i c h e n K a u f l e u t e i n F r a n k f u r t d u r c h d i e j e z i g e n Z e i t u m s t ä n d e e r b i t t e r t s i n d und wie sie jeden, der von ihnen abhängt, diese Erbitterung entgelten lassen«. Er habe Herrn Gontard darum erklärt, dass er seiner zukünftigen Bestimmung gemäß eine unabhängigere Lage zu finden hoffe; »ich vermied alle weitern Erklärungen, und wir schieden höflich außeinander«.

Nach allem, was Henry und Suzette berichteten, wusste Gontard gar nichts von Hölderlins Weggang. Doch die eine Lüge umkleidet nur die andere: kein Wort von der Hausherrin, kein Wort von Suzette.

3

Sie muss ihn wiedersehen. Sie ersinnt Wege und Listen. Ihre gewohnte kühle Überlegenheit kehrt zurück. Einige Male sehen sie sich im »Comödienhaus«. Er weiß, wann die Vorstellungen sind, er kennt die Loge der Gontards, kauft ein Billett fürs Parterre, so kann sie ihn sehen, ihm einen Brief zustecken beim Hinausgehen. Doch das ist auf Dauer keine Lösung; »man würde es bald merken weil man nicht gewohnt ist dass ich bey schlechten Stücken hingehe, und wir wollen doch keine Zuschauer«. Auch will sie ihm den Weg bei schlechtem Wetter nicht zumuten, weiß sie doch, dass er, um Geld für die Postkutsche zu sparen, gewöhnlich zu Fuß über die Berge läuft.

So schlägt sie ihm vor, jeden ersten Donnerstag des Monats zu kommen, oder, wenn schlechtes Wetter sei, am ersten darauffolgenden schönen Tag, an dem Theater gespielt wird. Doch als sie ihn dann am nächsten Tag im Comödienhaus sieht, ohne ihn sprechen zu können, hält sie es nicht aus. Am nächsten Morgen halb zehn, bevor die Postfrau kommt, schickt sie ihm ein Billett in den Weidenhof.

»komm heute Nachmittag ein viertel nach 3 Uhr, gehe

unverstohlen der hintern Tühre welche immer offen ist herein lauffe leicht und schnell die Treppe herauf wie sonst, die
Tühre zu meinem Zimmer an der Treppe wird Dir schon
geöffnet seyn, die Kinder lernen zu der Zeit im hintern blau-
en Zimmer und können Dich nicht sehen wenn Du an der
Mauer hergehest«.

Was sie ihm da vorschlägt, ist tollkühn. Aber, beruhigt sie
ihn, was sei daran so auffallend, »wenn Persohnen welche
3 Jahre unter einem Dache lebten 1 halbe Stunde zusammen
zubringen, das Gegentheil viel mehr«.

4

Am 12. November lässt Hölderlin auch Neuffer wissen, woran er mit ihm ist. Umständlich erklärt er, dass er mit Sinclair nach Rastatt reisen werde. Dort tagt in Permanenz seit
einem Jahr der Friedenskongress der Reichsstände mit dem
bevollmächtigten Gesandten Frankreichs, Napoleon Buonaparte. Sinclairs Mission war eher delikat. Einige benach-
barte kurmainzische Dörfer, die gute Steuererträge abwer-
fen, soll er im Auftrag seines Landgrafen in Homburgs Besitz bringen, ohne dass die Grafschaft eigentlich durch den
Krieg Territorien verloren hätte. Zunächst musste er seinen
Jenaer Mitstudenten Claude Camille Perret, Geheimagent
und nunmehr Privatsekretär des General Napoleon Buonaparte, dafür gewinnen, gute Beziehungen Hessen-Homburgs
zu Napoleon herzustellen. Man wusste von seinen erotischen
Beziehungen zu jungen Männern, von seiner jakobinischen
Gesinnung. Neuffer, der mit Jahresbeginn eine eigene Pfarr-
stelle antritt und bald Diakon sein wird, musste Sinclairs *feu*

de cœur frivol, seine diplomatische Wendigkeit kalt erscheinen. Sosehr Hölderlin beide liebt, empfindet er doch den Gegensatz zwischen dem empfindsamen Dichterfreund und dem Hofmann. Er meint sich erklären zu müssen, er will jedem der Seine sein. »Weil ich zerstörbarer bin, als mancher andre, so muß ich um so mehr den Dingen, die auf mich zerstörend wirken, einen Vortheil abzugewinnen suchen.« In der Auswahl seiner Freunde sei er äußerst vorsichtig, beteuert er daher. »Ich bin ein rechter Pedant, wenn Du willst … ich bin es, weil ich mich fürchte, von der Wirklichkeit in der innigen Theilnahme gestört zu werden, mit der ich mich gern an etwas anderes schließe.« Aber man müsse nun einmal die Dinge so sehen, wie sie sind, gemein und niedrig, kalt und verächtlich, denn sie seien der Stoff der Dichtung. Möge die Welt schlecht sein, so sei sie doch nur der »Schatten zu meinem Lichte«.

Er fährt also nach Rastatt, kommt dort am 21. November an und findet jede Menge Schatten zu seinem Licht. In den mittelalterlich engen Gassen feiern die alten Reichsstände ihr (vor)letztes Familienfest: Kurfürstentümer, Fürstbischoftümer, Ritterschaften, Marken, Grafschaften und Landgrafschaften, Reichsstädte, Reichsabteien, vertreten durch ihre Gesandten. Die »schön gekräuselten, schön gepuderten und allerliebst behaarbeutelten, bedegten und mit Lyoner elegant gestickten Hofkleidern gar wunderschön geputzten« Repräsentanten des *ancien régime*, und die Bürgerlichen in ihren schlichten schwarzen Röcken verhandeln – oder besser: handeln – um die Gebiete, die in den Geheimklauseln der vielen Sonderfriedensverträge den Herrn wechseln sollten. Es ging, kurz gesagt, um sehr viel Geld. Allein die Summe der Erwerbungen, auf die sich der Herzog von Württemberg Hoffnung machte, betrug 709 000 Franken. So sollte die Freie Reichsstadt Ulm nebst einigen kleineren Landstädten 179 000 Franken kosten.

Württemberg hatte mehrere Vertreter in Rastatt, den gemäßigten Konsulenten Georgii, den radikalen Reformdemokraten Christian Friedrich Baz, Bürgermeister von Ludwigsburg, den konservativen Landschaftsvertreter Gutscher. Der Bildhauer Landolin Ohmacht ist als Delegierter der Freien Reichsstadt Rottweil in Rastatt. Mit Porzellanmedaillons und Porträtbüsten wohlhabender Bürger hatte der gebürtige Schwabe aus Dunningen in Basel, Hamburg und Frankfurt ein gewisses Vermögen angehäuft. Bei seiner Rückkehr von Hamburg vermachte er 1797 der Rottweiler Bürgerschaft 6000 Gulden und wurde dafür zu ihrem Ehrenbürger ernannt.

Hölderlin konnte sich also gut ein Bild von den Zuständen in seinem Vaterland machen und hoffte, dass »die Württembergischen Herren Deputirten etwas mehr Muth und Geist, und weniger Kleinheitssinn und Verlegenheit« bei der Vertretung der ständischen Forderungen zeigen würden. Aber schon nach einer guten Woche, um nicht die Verabredung mit Suzette zu versäumen, ist Hölderlin zurück in Homburg. Seine Gesundheit ist angegriffen, Magen- und Gallenkrämpfe.

5

Verabredungen, die auf das Wetter setzten, waren oft nicht einzuhalten. War es bei ihr in Frankfurt schön, dann regnete und stürmte es vielleicht drüben in Homburg. »Die Luft ist hier am Gebirge um ein ziemliches rauher als in Frankfurt.« Und so stand Suzette manchmal vergebens am Fenster, ein andermal stand er vor verschlossenen Türen, weil sie ihn nicht erwartete.

Wieder tauschen sie eilig Briefe im Theater. Die Antwort schreibt Suzette am frühen Morgen. Wirft die Briefchen aus dem Fenster auf die Straße, sobald sie ihn sich über den Hirschgraben nähern sieht.

Eine unerklärliche Bangigkeit hat sie befallen, da er so zerstreut und mit politischen Dingen beschäftigt scheint, nicht kommt eine Woche lang, sich ankündigt und sie dann umsonst warten lässt, sich an Absprachen nicht hält.

Geringfügige Zufälle bestimmten über ihr Glück oder Unglück, bemerkt sie. Aber dann: »Ich kann das Wort, Z u - f a l l welches ich geschrieben nicht wieder aus dem Kopf bringen, es gefällt mir nicht, klingt so klein, und kalt, und doch finde ich kein anderes. Könnte man nicht auch sagen, die geheime verkettung der Dinge bilden für uns et- was daß wir Z u f a l l nennen, was aber doch n o t h w e n d i g ist.«

Ist er dann irritiert über ihre Grübeleien, erschrickt sie gleich. »... solltest du vielleicht an (meiner) Liebe zweifeln? sollte mein kalter, trockner Brief Dich bekümmert haben, wie hättest Du Unrecht! könntest Du meinen Schmerz, und meine Thränen sehen bey diesem Gedanken. du würdest daß nicht denken, doch daß ist es auch wohl nicht was

Dich gequält hat, Dir ist wohl bange daß mein Herz mir stirbt, und ich Dich dann auch nicht mehr lieben könnte.«

Dann wieder beruhigt sie ihn; »ich weis es, der Schmerz wird uns nur besser machen und uns inniger verbinden«.

Solange er sie liebt, wird ihr nichts geschehen; aber »in Nacht und Tod hinabsinken« muss sie, wenn sie diese Liebe nicht mehr hat.

Schweigsam und beherrscht wie immer, macht sie Handarbeiten, näht und strickt und füllt die leere Zeit zwischen seinen Briefen und Besuchen mit Erwartung. Als bei einer Ausfahrt ein Rad am Wagen brach, verletzt sie sich den Arm und ist tagelang am Schreiben gehindert. Sogleich fällt sie in tiefe Schwermut. Zwei seiner Briefe kamen in fremde Hände, aber ohne Folgen, außer dass sie »8 Tage die gewohnte Begegnung dulden mußte, welche mein leidender Zustand doch milderte«. Zum Lesen fehlt ihr die Lust, zum Klavierspielen auch. Bleiben angekündigte Briefe aus, bricht sie gleich in Panik aus, ist zum Äußersten bereit.

»Die Leidenschafft der höchsten Liebe findet wohl auf Erden ihre Befriedigung nie! – – – fühle es mit mir! Diese suchen wäre Tohrheit. – – – Miteinander sterben! – – – Doch still es klingt wie schwärmerey, und ist doch so wahr. – – – ist die Befriedigung – – – Doch wir haben heilige Pflichten für diese Welt. Es bleibt uns nichts übrig als der seeligste Glaube an einander, und an das allmächtige Wesen der Liebe daß uns ewig unsichtbar leiten und immer mehr und mehr verbinden wird. – – –«

Von Gontard nimmt sie nichts an, weder Geld noch Geschenke, noch Einladungen zu »Lustparthien«, um sich abzulenken. Denn »von dem, der das Herz meines Herzens nicht schonte, muß die kleinste Gefälligkeit anzunehmen, mir wie Gifft seyn, so lange die Entpfindlichkeit dieses Herzens dauret, denn wer könnte wohl auf den Sturtz seines Freundes sich so genannte g u t e T a g e machen wollen, noch Selbstgefühl und Zartheit behaupten«. Sie hatte nicht einmal den *Hyperion*, sie muss ihn bitten, ihr das Buch zu schicken; eigenes Geld besitzt sie nicht, um es sich beim Buchhändler zu kaufen. Bald ist Ostern. Dann die Messe. Gontards haben wieder ihre »Gastereien«. Dann ist Frühling. Suzette freut sich auf den Garten, ihre liebste Beschäftigung.

6

Wenn etwas zu Ende geht, ist es darum noch nicht vergangen. Es ist Erinnerung geworden, Zustand »eines Objects im vollendetesten Zustand«. In der Erinnerung ist das Vergangene niemals tot, sondern bloß »ein Übergang aus Bestehendem ins Bestehende«.

Der Mensch, der sich erinnert, durchläuft noch einmal jeden Punkt des Lebens, »bis endlich aus der Summe dieser in einem Moment unendlich durchlaufenen Empfindungen des Vergehens und Entstehens, ein ganzes Lebensgefühl« hervorgeht, »und nachdem diese Erinnerung des Aufgelösten, Individuellen mit dem unendlichen Lebensgefühl durch die Erinnerung der Auflösung vereiniget und die Lücke zwischen denselben ausgefüllt ist, so gehet aus dieser Vereinigung und Vergleichung des Vergangenen Einzelnen, und des Unendlichen gegenwärtigen, der eigentlich neue Zustand der nächste Schritt, der dem vergangenen folgen soll hervor.« (Das untergehende Vaterland)

Schon wächst im Schoß der alten, überlebten Zeit die neue. Zuweilen fordern aber die Zeiten, wenn sie sich ändern, ein Opfer. Hölderlin arbeitet, nun ohne störende Unterbrechung, an seinem Trauerspiel »Empedokles«. Sein Held lebt in einer Zeit des Übergangs, der Bürgerkriege und Machtkämpfe zwischen der alten Tyrannis und der neuen athenischen Demokratie. »So ist Empedokles ein Sohn seines Himmels und seiner Periode, seines Vaterlandes, ein Sohn der gewaltigen Entgegensezungen von Natur und Kunst« (im Sinne des Künstlichen, willkürlich Gesetzten). Von der städtischen Oligarchie seiner Vaterstadt gehasst, vom Volk geliebt als Arzt und Seher, ist dieser Mann eigentlich zum Dichter geboren und nur der Not der Zeit gehorchend zum politischen Akteur geworden. Sein Scheitern als »religiöser Reformator« – die Königskrone seiner Stadt lehnt er ab mit der Begründung, nur den lebendigen Naturgottheiten gebühre höchste Verehrung – verwandelt er durch seinen Freitod in einen befreienden Akt der Versöhnung von Mensch und Natur. Seine eisernen Schuhe, »die der Feuerauswurf aus dem Abgrund geschleudert hatte«, melden der Stadt seinen Tod. Doch seine Anhänger sind nun vollends von seiner Gottähnlichkeit, seiner Unsterblichkeit überzeugt.

Den Winter hindurch arbeitet Hölderlin die Szenen der ersten zwei Akte aus und schreibt eine theoretische Grundlegung des Stückes, den »Grund zum Empedokles«. Immer wieder zerschlägt ihm das gewaltige Gedankengebäude, das er um seinen Helden errichtet, die dichterische Form, dreimal bricht er ab, setzt er neu an. Je tiefer er sich hineindenkt in den Widerspruch zwischen Natur und Gesellschaft, Subjekt und Objekt, umso unerträglicher brennt sich die eigene Ohnmächtigkeit, die er in Frankfurt erfahren hat, in sein Selbstgefühl als Dichter. Das Stück bleibt Fragment.

In der ersten Märzwoche sehen sie sich wieder. Wie immer gibt sie ihm ein Päckchen ihrer Briefe. Zwischen ihnen liegt der Feldberg im wechselnden Licht der Tageszeiten. Sie geht mit den Kindern in der Osterzeit spazieren, sieht »in der Beleuchtung der milden Sonne, mein liebes Homburg, wie seegnete mein Aug diese stille Gegend, und das unbekannte Stübgen wo du wohnest«.

Hölderlin, auf der anderen Seite der Berge: »da geh ich dann hinaus wenn ich von meiner Arbeit müde bin, steige auf den Hügel und seze mich in die Sonne, und sehe über Frankfurt in die weiten Fernen hinaus, und diese unschuldigen Augenblike geben mir dann wieder Muth und Kraft zu leben«.

Von ihr sprechen und sie verschweigen ist eins. Es gibt nur eine Sprache für das Glück wie für das Unglück, diesseits des Feldbergs. Drei Jahre später, wenn er wieder in Homburg ist, vollkommen trostlos dann, kehrt das Bild der Entfernten feierlich ins Gedicht zurück, das er für den Landgrafen schreibt; die alten und neuen Zeiten fließen ineinander.

> Drum, da gehäuft sind rings
> Die Gipfel der Zeit, und die Liebsten
> Nah wohnen, ermattend auf
> Getrenntesten Bergen,
> So gieb unschuldig Wasser,
> O Fittige gieb uns, treuesten Sinns
> Hinüberzugehen und wiederzukehren.
>
> *(Patmos)*

Jetzt, im Frühling des Jahres 1799, ist noch jeder Abschied eine Hoffnung. Noch ist die alte Zeit nicht tot, die neue nicht geboren. »Im Zustande zwischen Seyn und Nichtseyn wird aber überall das Mögliche real, und das Wirkliche ideal.«

Einundzwanzig Monate, in denen die Entfernung unaufhaltsam in sie hineinwächst. Einundzwanzig Schritte in die Unsterblichkeit. Keiner zurück ins Leben. Siebzehn Briefe von ihr trägt er über die Berge des Taunus. Wie viele von ihm, ist unbekannt. Nur vier sind überliefert. Wenn sie gelesen werden, sind sie schon alt. Eilig kratzen die Federn über das Papier, das doch den Abstand zwischen ihnen nicht aufzufüllen vermag.

Komm! es war, wie ein Traum! Die blutenden Fittige
                    sind ja
Schon genesen, verjüngt wachen die Hoffnungen all.
Großes zu finden, ist viel, ist viel noch übrig, und wer so
Liebte, gehet, er muß, gehet zu Göttern die Bahn.
                    (Menons Klagen um Diotima)

7

Nein, widerspricht sie ihm. »Träumen möchte ich immer, doch träumen ist Selbstvernichtung! Selbstvernichtung, Feigheit!« Seine Kunst der dialektischen Imagination, das Noch-nicht im Nicht-mehr, muss sie noch lernen. »Aber diese Beziehung der Liebe bestehet in der Würklichen Weldt die uns einschließt nicht durch den Geist allein. auch die Sinne (nicht Sinnlichkeit) gehöhren dazu.« Ihre Wünsche sind einfacher. Sie sehnt sich nach wirklicher Nähe, denn »eine Liebe die wir ganz der Würklichkeit entrücken, nur im Geiste noch fühlen keine Nahrung und Hoffnung mehr geben könnten, würde am Ende zur Träumerey werden oder vor uns verschwinden, sie bliebe, aber wir wüßten es nicht mehr …«.

Wo er nicht ist, beginnt ihr Nichts; »meine Augen werden nicht mehr gerne dahin sich kehren, ich werde sie wegwenden, so schwindet denn alles«.

Wie sehr fürchtet sie sich davor, dass er sich mit ihrem Schatten begnügen könnte. »Was wird aus uns werden, wenn wir füreinander verschwinden sollten? – – –«

Im Weißen Hirsch geht das Leben in geordneten Bahnen. Der neue Hauslehrer, Herr Hadermann, kommt jeden Vormittag zum Unterricht, »ein sehr langweiliger religiöser Schwätzer den ich nicht eine Viertelstunde ohne Ungeduld anhöhren kann«. Suzette fürchtet um die Charakterbildung ihrer Kinder bei seiner mechanischen Erziehung.

Selten hat sie eine Viertelstunde, um ungestört zu schreiben, und immer die Angst, nicht die richtigen Worte zu finden. »Du giebst was sich geben läßt, in so schöner Form, als ich es nie könnte, und der Genuß, daß ich den Beyfall fühle den man Dir geben muß ist mir mehr als die Befriedigung meiner ganzen Eigen liebe.«

Sie ist sich dessen bewusst, was es bedeutet, von einem Dichter geliebt zu werden. Verschlungen vom Ideal, wird sie in seinem Werk verschwinden und weiterleben als Diotima. Man wird vergessen, wie sie gelebt hat.

»Wann es sein muß daß wir dem Schicksaal zum Opfer werden, dann versprich mir dich frey von mir zu machen und ganz zu leben wie es Dich noch glücklich machen, du nach Deiner Erkenntniß Deine Pflichten für diese Weldt am besten erfüllen kannst, und laß mein Bild kein Hinderniß seyn, nur dieses Versprechen kann mir Ruhe, und Zufriedenheit mit mir selbst geben. – – – So lieben wie ich Dich, wird Dich nichts mehr, so lieben wie Du mich, wirst Du nichts mehr (verzeih mir diesen eigennützigen Wunsch) aber verstocke Dein Herz nicht tuhe ihm keine Gewalt, was ich nicht haben kann, darf ich nicht neidisch vernichten wollen. Denke nur ja nicht Bester, daß ich für mich spreche, mit mir ist das ganz anders, ich habe meine Bestimmung zum Theil erfüllt, habe genung zu tuhn in der Welt, habe durch Dich mehr bekommen als ich noch erwarten durfte meine Zeit war schon vorbey, aber Du solltest jetzt erst anfangen zu leben, zu handeln, zu würken, laß mich kein Hinderniß seyn, und verträume nicht Dein Leben in Hoffnungs lose Liebe.«

Das ist es, was sie will: »Einen Himmel möchte ich Dir geben.«

Ihre Briefe wehren sich noch, so gut es eben geht, gegen dieses Unwirklichwerden der Liebe. Äußere Umstände werden das übrige tun. »… ich zittre für die Zeit der Revolutionen, die uns nahe seyn kann, weil vielleicht sie uns für immer von einander reißt.«

Sie weiß von seiner anderen Liebe, der Liebe zum Vaterland. Aber was war sein Vaterland? War es »Germanien«, dieses in mehr als dreihundert Staaten zerrissene Land, um das in manchen seiner Gedichte des »Herzens Liebe klagt«, das »Heiligtrauernde«, jenes unter dem europäischen Friedensplan Napoleons in Rastatt knarrend auseinanderbrechende

Riesenbauwerk vieler Generationen, das Heilige Römische Reich Deutscher Nation, oder Altwürttemberg, das Land seiner Väter und einer ständischen Verfassung, die auf dem Dualismus von Herrschaft und »Landschaft« so hartnäckig bestand, oder »die Landschaft« selbst, wie für die patriotischen Zirkel der Stuttgarter Demokraten um Ludwig Hofacker, Christan Baz, Wilhelm Hauff? Im Spätherbst 1798 beginnen sich in Stuttgart die Gerüchte über einen revolutionären Umsturz, die Ausrufung einer »schwäbischen Republik« zu jagen. Sieben Jahre noch, und Altwürttembergs »glückliche Verfassung« ist vernichtet. Aber auch vom Heiligen Römischen Reich bleibt dann nichts als die Erinnerung des Aufgelösten.

Suzette wird ihm vorschlagen, einen Tag auszumachen, an dem er alle Jahr einmal kommen wird. So können sie sich, wenn sie keine Nachricht mehr voneinander haben werden, im Leben nie mehr verfehlen.

8

Am 4. April ist er wieder bei ihr. Wie immer nimmt er ein Päckchen Briefe mit. Jeden kleinsten Umstand will er wissen, was sie anhat, die Blumen, die sie schneidet, das Gemüse, das sie zubereiten lässt. Dann erzählt sie ihm, ihr Bruder Henry habe ihr ein Kleid geschenkt, »Lila und Weiß, ich erhielt es an dem Tage wo Du das letzte mal hier bey mir warst, und auch so ist es mir ein liebes Andenken, ich werde es gerne tragen«.

Für den Sommer verabreden sie, »uns selbst unsere Briefträger zu seyn, denn sie jemand anzuvertrauen ist würklich ein gewagter Entschluß, und wir haben auch beyde eine Art von Widerwillen dagegen«.

Es macht sie schon unglücklich, sich vorzustellen, wie er bei Wind und Regen und Kälte über die Felder geht, unter dem weiten grauen Himmel. Sie werden sich also auch weiterhin jeden ersten Donnerstag im Monat draußen auf dem Gut treffen, »damit das Wetter uns nicht irrt«, kurz hinter der Einfahrt an der Laube wird sie auf ihn warten, sobald von Frankfurt die Glocken 10 Uhr schlagen. Sie haben gerade so viel Zeit, »unsere Briefe durch die Hecke zu tauschen«, ohne vom Haus aus gesehen zu werden. Sie wird zum Zeichen ein weißes Tuch aus ihrem Fenster hängen, er wird seinen Wanderstock auf die Schulter legen. Schließt sie dann nach einigen Minuten das Fenster, kann er sie am verabredeten Ort erwarten.

»Wie es mir unangenehm ist, so intrigenartige Plane zu machen, brauche ich Dir wohl nicht zu sagen, deine zarte Seele stößt sich gewiß daran, und du leidest mit mir, aber verdenken kannst Du mir es nicht, weil ich es nur aus der edeln Absicht tuhe, das schönste und beste unter den Menschen, nicht zu Grunde gehen zu lassen. – –«

9

Napoleon hat Malta und die Ionischen Inseln besetzt und ist mit seinen Divisionen in Ägypten gelandet, das zu jener Zeit türkische Kolonie ist. März 1799. Zar Paul I. von Russland verbündet sich mit den Türken und Engländern und rückt von Süden gegen Frankreichs Grenzen an. Österreich gewährt den russischen Truppen Durchmarsch und bricht damit den Friedensvertrag. Englische und russische Truppenverbände landen an der (von Frankreich besetzten) holländischen Küste. In aller Eile segelt Napoleon zurück. Der zweite Koalitionskrieg beginnt mit einer Serie von Niederlagen der Revolutionsarmeen. General Jourdan marschiert in Schwaben ein und wird sogleich wieder über den Rhein zurückgeworfen. Die Helvetische Republik wird von den Österreichern besetzt. Der Rastatter Friedenskongress bricht mit der Ermordung der beiden französischen Gesandten zusammen. Der siebzigjährige russische General Alexej Wassiljewitsch Suworow, Sieger über die Türken vor dreißig Jahren im Peloponnes – zu Hyperions Zeiten also – und über die aufständischen Polen 1794, besiegt bei Cassano das französische Heer in Oberitalien.

Fritz Muhrbeck kommt mit der Nachricht in Hölderlins Zimmer. Die Freunde fallen sich in die Arme, küssen sich auf die Lippen und weinen. Erschüttert berichtet Hölderlin die Szene der Freundin in Frankfurt.

»Solche Augenblicke hab ich doch noch. Aber kann das eine Welt ersezen? Und das ists, was meine Treue ewig macht. In dem und jenem sind viele vortreflich. Aber eine Natur, wie Deine, wo so alles in innigem unzerstörbarem lebendigem Bunde vereint ist, diese ist die Perle der Zeit, und wer sie erkannt hat, und wie ihr himmlisch angeboren eigen Glük dann auch ihr tiefes Unglük ist, der ist auch ewig glüklich und ewig unglüklich.«

Seine andere Liebe hat ihn wieder. Dagegen kann sie nichts machen. Ein neues Jahr hat begonnen, das vorletzte im »Klugheitsjahrhundert«, das sich als Erneuerer der Philosophie und der Künste eingeführt hatte und enden wird mit Krieg,

Terror und Parteikämpfen. Ein »lebendig Todter«, so komme er sich manchmal vor. Wie viel mehr sei doch das »Lebendige der Poesie« gegen die nutzlose »philosophisch politische Bildung« der Deutschen, gesteht er am Neujahrstag 1799 dem Bruder, ganz aus dem Geist seines »Empedokles«. Zwar räumt er ein, »daß sie … die Menschen zu den wesentlichen, unumgänglich nothwendigen Verhältnissen, zu Pflicht und Recht zusammenknüpft, aber wie viel ist dann zur Menschenharmonie noch übrig? Der nach optischen Regeln gezeichnete Vor- und Mittel- und Hintergrund ist noch lange nicht die Landschaft, die sich neben das lebendige Werk der Natur allenfalls stellen möchte. Aber die besten unter den Deutschen meinen meist noch immer, wenn nur erst die Welt hübsch symmetrisch wäre, so wäre alles geschehen. O Griechenland, mit deiner Genialität und deiner Frömmigkeit, wo bist du hingekommen?« In Stuttgart sammeln sich zum Jahresende die Umstürzler, unter ihnen »der Antiquar Johann Friedrich Steinkopf« und »der Kanzlist Magister Neuffer« (Scheel) in der Gesellschaft freier Menschen. Hölderlins politische Leidenschaft ist neu entflammt, und »wenn das Reich der Finsterniß mit *Gewalt* einbrechen will, so werfen wir die Feder unter den Tisch und gehen in Gottes Nahmen dahin, wo die Not am größten ist, und wir am nöthigsten sind«.

In den ersten Frühlingswochen schreibt Hölderlin die jambische Verserzählung »Emilie vor ihrem Brauttag«, eine Liebesidylle nach dem Geschmack der Zeit, versehen mit einigen Szenen aus den gemeinsamen Driburger Erinnerungen. Nichts mehr von Leidenschaft und Empfindung, nur die Beschreibung von Empfundenem; keine griechische Diotima, sondern ein Mädchen der Zeit ist Emilie. Jetzt gelingt ihm, einmal noch, die Entgötterung der Geliebten, der Traum von geglückter Liebe. Eine Gelegenheitsarbeit, Ludwig Neuffer für sein literarisches Taschenbuch geliefert, das dieser soeben im Verlag von Johann Friedrich Steinkopf herauszugeben beginnt. Eine Liebesgeschichte, erklärt er lebhaft Neuffer im Juli, »die nichts weiter ist als diß«, scheine ihm ästhetisch betrachtet ein moderner, sentimentalischer Stoff, etwas »Accidentelles« zu sein, das dem strengen Gesetz des Schicksals in der klassischen Tragödien nicht unterworfen sei, »und so fragt sich nun, in welcher Form sich dieses am leichtesten und natürlichsten, und eigentlichsten bewerkstelligen läßt, so daß der schöne Geist der Liebe seine eigne poetische Gestalt und Weise hat«. So täuscht er sich und andere. Die Frankfurter Zeit verblasst zur Episode. Je kleiner seine Liebe wird, um so größer wird der Abstand zwischen dem Liebenden und dem Dichter der tragischen Form. »Behält man den heroischen Dialog bei«, stellt er beherzt fest, »so ist es immer, als ob die Liebenden sich streiten«.

Im April kommt Kasimir Böhlendorff aus der Schweiz nach Homburg, der Jenaer Kommilitone, der Dichter. Da sind Sinclairs Freunde beisammen, Fritz Muhrbeck, Jakob Zwilling, junge Männer um die dreißig, revolutionsbegeistert, poetisch fühlend, republikanisch denkend. Hölderlin ist unter ihnen der offenherzig sich Mitteilende, der empfindliche Träumer, »an Leib und Seele in höchstem Negligé«. Schon in Jena kannten sie ihn so: ein offenes Buch für jedermann. . Dann wieder war er für Wochen und Monate verschwunden, in seine Arbeiten verschlossen, unzugänglich. »Das Zeitalter hat eine so große Last von Eindrüken auf uns geworfen, daß wir nur, wie ich täglich mehr fühle, durch eine lange bis ins Alter fortgesetzte Thätigkeit und ernste immer neue Versuche, vieleicht dasjenige am Ende produciren können, wozu uns die Natur zunächst bestimmt hat, und was vieleicht unter andern Umständen früher aber schwerlich so vollkommen gereift wäre.«

Im Juni ist die zweite Fassung der Entwürfe zum *Tod des Empedokles* sauber in ein Heft geschrieben. Sie ist für den Verleger Steinkopf bestimmt, mit dem er neuerdings in Verhandlung über ein Zeitschriftenprojekt steht.

10

Der preußische König besucht Frankfurt; man gibt ihm und Königin Luise am 27. Juni im Roten Haus einen Ball. »Was ist die Königin und Ihre Schwester so schön ...«, schwärmt Jakobs Cousine Marianne Gontard. Auch Suzette ist auf dem Ball. »Durch den Tod der armen Metzler, die gerade Tag vorher starb, konnte niemand von Bethmanns auf den Ball gehen und Suzette hatte also Thurneysen den ganzen Abend nur allein für sich, Du kannst dir also leicht denken«, meldet sie der Freundin Marie nach Bödigheim, »wie vergnügt sie war, auch ist sie fast bis ganz zur letz geblieben, diese Pisallerschaft gehet noch immer fort ihren Gang.« Pis-aller. Ersatzwirtschaft. So redet man also.

Anfang Juli 99 trifft sich das Paar wieder im Gartenhaus. Hölderlin spricht von seinem »Journal für Damen, ästhetischen Inhalts«, das dieses Jahr noch erscheinen soll. Die ersten Akte seines Trauerspiels, dazu Aufsätze über Dichter der alten und neueren Zeit, ästhetische Abhandlungen sind vorgesehen. Jeden Monat vier Bogen müssen gefüllt werden, vierundsechzig Seiten. Übrigens ist ihm klar, dass seine »frugale Existenz nicht so theuer zu besolden ist, wie die der großen Männer, welche die Horen herausgaben«. Gemeint ist Schiller, dem er am nächsten Tag schreibt.

Suzettes Brief vom Juli ist verstümmelt überliefert. Jedenfalls scheint sie von seiner Idee wenig begeistert. Seine Gesundheit würde leiden. »Deine Kräfte hielten es nicht aus, und Du gingest für die Welt und Nachwelt, der Du auch so, im stillen lebst, noch ganz verlohren. Nein das darfst Du nicht! Dich selbst darfst Du auf's Spiel nicht setzen, Deine edle Natur, der Spiegel alles Schönen, darf nicht zerbrechen, in Dir.« Sie kennt seine Zerstreutheit, die Scheu im gesellschaftlichen Umgang, und nun Redakteur eines Journals? »Du bist der Welt auch schuldig zu geben was Dir verklärt in höherer Gestalt erscheint, und an Deine Erhaltung besonders zu denken. Wenige s i n d wie D u! – – –«

Eine Liste mit klangvollen Namen für das Journal hat er aufgeschrieben. Herder wird er um Mitarbeit bitten. Auch Goethe, der sich gewiss seiner erinnern wird. An berühmten Namen sei hauptsächlich gelegen, hat ihm der Verleger zu verstehen gegeben.

Eugenie Rodde-Borkenstein, die Schwägerin, hat Suzette für Mitte Juli zu einer Reise nach Thüringen eingeladen. Sie freut sich darauf und hofft, ihm von der Reise »ein kleines Tagebuch zu liefern, bedenke den schönen Stoff! Und wie du so alles mit mir theilen wirst.«

Zur Reisegesellschaft gesellt sich Gunda, die älteste der Brentano-Schwestern. Um den 12. Juli reisen die drei Frauen ab. Begleitet von »unserm Jacob«, vielleicht Gontards jüngerem Cousin, fahren sie über Gießen nach Kassel. Suzette ist froh, »meine lieben Gegenden wieder zu erblicken«. In Kassel treffen sie mit Suzettes Bruder Henry zusammen, sie reisen gemeinsam weiter nach Weimar und werden von Herder, Wieland und anderen Berühmtheiten Weimars empfangen. Wieland war, wie man hörte, sehr entzückt von der stillen Frau Gontard.

11

Auch an den alten Tübinger Studienfreund Schelling schreibt Hölderlin einen Bittbrief wegen seines »humanistischen« Journals. Er verbeugt sich tief vor dem Jüngeren, der eben eine aufsehenerregende Naturphilosophie vorgelegt hat. Schelling jedoch stößt sich schon an dem Wort Humanität; es sei durch den alten Herder in Misskredit gebracht, verbrauchte Phrasen, Humanitätsfaselei einer Generation, die alles von der aufgeklärten Vernunft erwartete, während Schelling nun alles von der neuen Mythologie erwartet.

Hölderlin lässt sich nicht entmutigen. Wie schön er wohne, wie gut er esse, dass er so viel Kleider habe noch von Frankfurt, schwärmt er der Schwester im Juli vor, »und nächstens bin ich vieleicht mein eigener Herr mit 500 fl jährlichem Einkommen, worüber ich Dir das nächstemal das weitere schreiben will. Das wäre auf eine Weile genug. Und wer weiß, wie weit ich über kurz oder lange ins Bücherschreiben hineingerathe und Glük mache, dann werd' ich mich erst glänzend etabliren, und Dich einmal zu Gast bitten.«

Am 23. August nennt er Steinkopf sieben prominente Mitarbeiter für sein Journal, darunter Sophie Mereau und Wil-

helm Heinse. Ein paar Tage später erhält er Schillers freundliche Absage vom 24. August. Andere antworten gar nicht
erst.

12

Am ersten Donnerstag im August sollte Hölderlin, wie verabredet, wieder an der Laube auf dem Landgut erscheinen.
Suzette ist den ganzen Morgen unruhig, weil sie noch nichts
geschrieben hat und überlegt, ob sie ihn vielleicht in dem
Glauben lassen solle, sie sei noch nicht zurück, so dass er am
nächsten Donnerstag wiederkommen müsste. Von der Reise
noch erschöpft, macht sie mit dem Ehepaar Sömmering einen Spaziergang über die Pappelallee vor dem Hof. Die Glocken von Frankfurt schlagen zehn Uhr. Da meint sie ihn in
einiger Entfernung vor sich zu sehen, ganz deutlich seine
Gestalt, sie schwankt, ihr wird kalt und heiß, sie entschuldigt sich hastig, läuft in ihr Zimmer, »ich ging an's Fenster,
und stand, mit unverwantem Blick, es täuschte mich wieder,
bald sah ich Dein Gesicht durch die Büsche, bald lehntest
du dich an einen Baum und kucktest da hervor, ich erkannt
das Spiel der Phantasie und beredete mich, als wäre auch das
vorige so gewesen.«

Sie fällt in einen Weinkrampf. »… es war als hätte ich Dich
umarmen wollen, und ein Schatten wärest Du geworden.«

Die ganze aufgestaute Anspannung der Reise bricht hervor,
da sie nur an ihn gedacht, mit seinen Augen gesehen, den
Augenblick des Wiedersehens sich ausgemalt hatte. Vielleicht
war er nur gekommen, um Abschied zu nehmen. Oder er

war gar nicht mehr in Homburg, und sie hatte tatsächlich ein Gespenst gesehen?

Tagelang hält diese gefährliche Melancholie an. Eine Art Wahnsinn wie nach der Geburt ihres ersten Kindes, vermutet sofort die Familie. Jenes fatale Verhältnis mit dem Hofmeister müsse Ursache sein. Man habe den Menschen doch einmal im Winter eilig die Treppe zu ihrem Zimmer hinauflaufen sehen. Sie bestreitet alles. Sie werde gewiss nichts tun, was dem Hause schaden könne. Man glaubt ihr nicht.

Sie ist krank von all den Abschieden. Es muss ein Ende haben, so oder so; »und wenn du auch glaubest das es gut ist in der Würklichkeit eine gänzliche Scheidung zwischen uns zu machen, ich will Dich nicht darum verkennen, d i e U n - s i c h t b a r e n B e z i e h u n g e n d a u r e n d o c h f o r t u n d d a s L e b e n i s t k u r t z … denn alles was ich gegen meine Liebe tuhn könnte, ist mir jetzt als würde es mich verderben, mich zerstöhren. Welch eine schwere Kunst ist die Liebe! Wer kann sie verstehen? und wer muß ihr nicht folgen?«

Nun ist sie schon mit wenig zufrieden, er soll nur alle zwei Monate den ersten Donnerstag abends neun Uhr an ihrem Fenster vorbeigehen, damit sie sehe, dass er noch lebe. Seine Briefe hat sie zu einem Buch zusammengebunden, um sie immer bei sich zu haben. So würden sie den Winter überstehen und im nächsten Frühling sich wieder auf dem Landgut treffen, wo es weniger auffällt.

Es gehöre auch gewiss viel Liebe dazu, schreibt sie, etwas gefasster am 23. August, einen Brief zu schreiben, nachdem eine Biene sie in die Hand gestochen hat. An diesem Tag berichtet sie weiter über ihre Reise, den Besuch bei Schiller, als

12 Der Adlerflycht'sche Hof

sie mit klopfendem Herzen den Gartenweg betrat, mit Sophie Brentano und Charlotte Schiller ein Stündchen in der Laube zusammensaß, während der große Schiller die ganze Zeit stehen blieb, »in majestätischer Stellung«, wie Suzette fand.

13

»Die Franzosen haben uns einen teuren Besuch gemacht, und einige Tage die äußeren Toren unserer Stadt besetzt, sie sind jedoch ruhig wieder abgezogen, wir sind indessen Hals über Kopf in die Stadt gezogen, und mußten Adlerflicht verlassen, welches uns gar nicht behagte.« Wie immer beurteilt Jakob Gontard den Gang der Geschichte nach den zu Buche schlagenden Kosten. »In der Handlungs-Welt«, berichtet er dem Freiherrn Rüdt von Collenberg, »sieht es ebenso stürmisch aus, wie in der politischen, in Hamburg sind seit kurzem 40 Häuser gefallen, und die total Summa ihrer Banquerouten beträgt wenige 24 Millionen, in London und Amsterdam gehen die Kaufleute auch frisch zu allen T., nur hier ists still, und wir sind bis jetzt mit heiler Haut davon gekommen ...«

Dieses fatale Wir setzt sich selbstbewusst hinweg über ihre Leiden.

Am 31. Oktober, vor der nächsten Begegnung, warnt Suzette den Freund: »Es dient Dir auch noch zur Nachricht daß gegen uns über, fatale Emigranten wohnen, die fast täglich drüben in's hauß kommen. sie sind im dritten Stock haben Abends die Vorhänge zu. aber bey Tage nimm Dich in Acht. Nun leb wohl, mein einzig Herz«. Die Emigranten verkehren bei »Oncle Henry« und Cäcilie Gontard, den Besitzern des Weißen Hirsch.

14

Ach! Wo bist du, Liebende, nun? Sie haben mein Auge
Mir genommen, mein Herz hab' ich verloren mit ihr.
Darum irr' ich umher, und wohl, wie die Schatten,
so muß ich
Leben und sinnlos dünkt lang das Übrige mir.
Danken möchte' ich, aber wofür? Verzehret das Lezte
Selbst die Erinnerung nicht?

(Elegie)

Herbststürme ziehen auf, der Regen ist schneidend kalt. In der ersten Novemberwoche sieht sie ihn morgens über den Großen Hirschgraben gehen. Er hat ein Buch in der Hand.

»Ach! Es war doch nicht das letzte mal daß ich Dich sah! Nein! Ich kann ich mag es nicht denken! O! laß mich hoffen! − − − ... Wann werde ich künftig wieder von Dir hören können, wenn es doch nur schon Abend wäre, und ich hätte, was mich so freuen wird in sichern Händen. Was wir leiden müssen ist unbeschreiblich, aber warum wir's leiden ist auch unbeschreiblich.«

Es ist wohl dieser Donnerstag, an dem er ihr, vielleicht durch ein Fenster der unteren Wirtschaftsräume, wo sie die große Wäsche beaufsichtigt, seine Briefe und den zweiten Band des *Hyperion* übergibt.

Der 7. November 1799. Sie eilt hinauf in ihr Zimmer, schlägt das Buch auf. Das Kind ihrer »Seelenliebe«. Sie be-

ginnt zu lesen, ihr Herz klopft wie rasend, »ich fing Deine
Briefe von hinten und vorne an, konnte aber diesen Abend
den wahren Sinn nicht finden«. Die Unterstreichungen im
Text bilden einen Brief aus Briefen, eine chiffrierte Abschieds-
botschaft, die Essenz des Romans, ihr als persönlicher Besitz übereignet. Sie liest die Widmung auf dem Vorsatzblatt.
»Wem sonst als Dir.«

15

»Hier unsern Hyperion, Liebe! Ein wenig Freude wird
diese Frucht unserer seelenvollen Tage Dir doch geben. Verzeih mirs, daß Diotima stirbt. Du erinnerst Dich, wir haben uns ehmals nicht ganz darüber vereinigen können. Ich
glaubte, es wäre, der ganzen Anlage nach, nothwendig. Liebste! alles, was von ihr und uns, vom Leben unseres Lebens hie
und da gesagt ist, nimm es wie einen Dank, der öfters um so
wahrer ist, je ungeschikter er sich ausdrückt. Hätte ich mich
zu Deinen Füßen nach und nach zum Künstler bilden können, in Ruhe und Freiheit, ja ich glaube ich wär' es schnell
geworden, wonach in allem Laide mein Herz sich in Träumen
und am hellen Tage, und oft mit schweigender Verzweiflung
sehnt.

Es ist wohl der Thränen alle werth, die wir seit Jahren geweint, daß wir die Freude nicht haben sollten, die wir uns
geben können, aber es ist himmelschreiend, wenn wir denken müssen, daß wir beide mit unsern besten Kräften vieleicht vergehen müssen, weil wir uns fehlen.«

16

Nach der Leipziger Messe war der Buchhändler Steinkopf nicht mehr ganz sicher, ob Hölderlin der richtige Mann für die Herausgabe eines Journals sei. Er zöge es vor, ließ er ihn wissen, wenn ein zuverlässiger Redakteur in Stuttgart für die Sache gefunden werde.

Hölderlin ist wütend. Steinkopf wollte große Namen für das Journal, die hat er nicht bringen können. Ein Hölderlin war nicht genug. »Die B e r ü h m t e n nur, deren Theilnahme mir armen Unberühmten zum Schilde dienen sollte, diese ließen mich stehn, und warum sollten sie nicht? Jeder, der in der Welt sich einen Nahmen macht, scheint ja dem ihrigen einen Abbruch zu thun; sie sind dann schon nicht mehr so einzig und allein die Gözen.«

Seine Frankfurter Ersparnisse reichen noch ungefähr für ein Vierteljahr, dann muss er »nach Hauße« oder sich wieder nach einem Einkommen umsehen.

Im August ließ er sich von der Mutter 133 Gulden überweisen. Noch bis Januar lässt er sie in dem Glauben, das Journal werde ihm 400 Gulden monatlich einbringen. Suzette versichert er, seine Hauptarbeit sei jetzt »sein Trauerspiel«, das er fertigbringen müsse.

Die Freunde Böhlendorff und Muhrbeck sind seit September in Jena. Freund Schelling und Friedrich Schlegel, der Herausgeber der berüchtigten Zeitschrift der Jenaer Romantiker, »Athenäum«, haben für den Winter Privatcollegia angeschlagen. Hölderlin zieht es dorthin, wo soeben der »Atheismus-Streit« die Geister erhitzt. Wie ein Schwelbrand fraß sich seit einem Jahr die Denunziation der sächsischen Kultusbehörde gegen den Professor Fichte wegen des Vorwurfs des Atheismus durch die deutschen Universitäten. Die gedruckten Exemplare seines »Philosophischen Journals« waren auf der Leipziger Messe konfisziert und Fichte, das kampflustige »Ich-Nicht-Ich« von Jena, wie Herder spottete, war Ende März von der weimarischen Regierung entlassen worden. Hölderlins Freund und Fürsprecher Niethammer, einer der Mitherausgeber, kam mit einem Verweis davon. Geheimrat Goethe, der an dem Reskript mitgewirkt hatte, rechtfertigte sich, »daß ich gegen meinen eigenen Sohn votieren würde, wenn er sich gegen ein Governement eine solche Sprache erlaubte«. Der Zeitpunkt war denkbar schlecht, um mit Privatcollegia über griechische Poesie eine akademische Karriere zu versuchen. Hölderlin schrieb eine Ode über »Vanini«, den Ketzer mit der abgeschnittenen Zunge, und blieb in Homburg.

17

»Nun muß ich Dir doch noch sagen, woher meine Abneigung gegen Deinen Aufenthalt in Jena, kömmt um daß Du Dich an mir nicht irrest …« Suzettes Abneigung weiß wenig von dem Atheismus Strcit, sie bezieht sich vielmehr auf Charlotte von Kalb, deren Weimarer Wohnung an der Esplanade Schiller diesen Winter, wie sie in Jena erfahren hat, mieten will. »Du könntest doch nicht um hin ihn zu besuchen«, erinnert sie den Geliebten, »es könnte Dir wohl nicht angenehm seyn«.

Die Sache war diese: Am 12. Juni 1795 bringt Charlotte Kalb in Weimar eine Tochter zur Welt, sie wird auf den Namen Susanne getauft und stirbt im Juli. Ebenfalls von einer

Tochter entbunden, die kurz nach der Geburt stirbt, wird im Juli 1795 ihre Haushälterin Wilhelmine Marianne Kirms. Hartnäckig hielt sich nun das Gerücht, Hölderlin habe mit der Kirms ein Verhältnis gehabt, ihr Kind sei seines. Da Hölderlin seit Anfang November in Jena war und zuletzt bei Charlotte an der Esplanade wohnte, während Wilhelmine weiter bei Herrn von Kalb den Haushalt führte, konnte er schwerlich als Vater von Wilhelmines Kind in Betracht kommen, eher schon der Hausherr selbst, Major von Kalb. Eine Beziehung im Hause Kalb über Kreuz, wie in Goethes Roman »Die Wahlverwandtschaften«, würde jedenfalls Suzettes Eifersucht erklärt haben.

18

Am 16. November erfährt Hölderlin vom jüngsten Staatsstreich in Frankreich. Die letzten Wahlen hatte das Direktorium verloren. Seinen Mittelweg »zwischen Royalismus und Anarchie« beendeten Bonapartes Truppen am 9. November (18. Brumaire), umzingelten den Regierungssitz. Die beiden Räte der Legislative erklärten die fünf Direktoren für abgesetzt. Drei Konsuln übernehmen die Exekutive: Bonaparte, Ducos, Sieyès. Eine Verfassungskommission wurde einberufen.

Hölderlins Informationen waren aus erster Hand. Gottfried Ebel hält ihn von Paris auf dem Laufenden. Noch einmal verschiebt er seinen Abschied von Homburg. Noch einmal muss die Mutter 100 Gulden schicken.

Während sich in Frankfurt ein schweigender Raum der Verachtung um Suzette schließt, klingt wie ein fernes Echo der schmerzliche Lakonismus ihrer Briefe in den Gedichten, die Hölderlin in den einundzwanzig Homburger Monaten geschrieben hat. Es sind Oden in asklepiadeischen und alkäischen Strophen, zwischen Leben und Tod, Licht und Schatten schwingende Wortgebilde. Die einen, wahrscheinlich aus dem Winter 98/99, sprechen von Herbst, von Abschied, dem Wunsch nach Ruhe, von Erblindung des Blicks, andere, vielleicht im Frühling, jedenfalls mit Hoffnung geschrieben, vom Glück der Genügsamkeit, von ländlichem Abend und Morgen, Städten und Flüssen, Göttern und Dichtern. Noch sind sie eine Sprache, ein Rhythmus der Empfindungen.

Jetzt, da sich das Jahrhundert bald verabschiedet, sieht Hölderlin zuweilen das Unmögliche, das er gewollt hat – ohne Einkommen, ohne Protektion oder Mäzene, »blos von der Schriftstellerei zu leben, wenn man nicht gar zu dienstbar hierinn seyn, und sein Auskommen auf Kosten der Reputation finden will«.

Es ist eine Endzeit. Im Dezember zieht sich General Jourdan endgültig aus Württemberg zurück. Am 15. Dezember wendet sich der erste der drei Konsuln, der Bürger Bonaparte, mit einer Proklamation an das Volk.

»Franzosen, es wird euch eine Verfassung gegeben ... Die Verfassung gründet sich auf die wahren Prinzipien der parlamentarischen Regierung und auf die geheiligten Rechte des Eigentums, der Gleichheit und der Freiheit.« Zehn Jahre Bürgerkrieg, zehn Jahre Hunger und Inflation, Massenexekutionen, Terror und Freiheitsrhetorik, Wirtschaftschaos und Fraktionskämpfe – mit dem Wort eines Mannes ist das alles Geschichte geworden. Zum ersten Mal in der französischen Geschichte werden die geheiligten Rechte des Privateigentums von der Verfassung garantiert; »die Revolution ist den Grundsätzen, von denen sie ihren Ausgang nahm, fest verbunden; sie ist beendet«.

19

Als der Stuttgarter Kaufmann Christian Landauer Anfang Januar des Jahres 1800 den Dichter in Homburg besucht, findet er Hölderlin über den Übersetzungen der olympischen Siegeshymnen des Pindar. Der Herzog, erzählt Landauer, habe die gesamte bürgerliche Opposition verhaften lassen, den Landtag im November gewaltsam aufgelöst, den reformierten Engeren Ausschuss, Herzstück der neuen Demokratie, davongejagt. Ein abgefangener Briefwechsel habe die Beweise geliefert. Auch der Name des homburgischen Regierungsrates Sinclair sei gefallen als einer der Verdächtigen. Sinclair reist daraufhin nach Württemberg.

Um den 22. Januar fährt Landauer weiter nach Frankfurt und ist zu Gast in Jakob Gontards Haus. In einem unbeobachteten Moment vereinbart Suzette mit ihm, Landauer solle ihre Briefe übermitteln für den Fall, dass Hölderlin in sein Vaterland zurückkehren würde. Sie wird ihre Briefe nicht mehr zum Fenster herauswerfen, aus Furcht, beobachtet zu werden.

Als Suzette ihn am 5. Februar wieder sieht, ist Hölderlin blass. Sie fürchtet, er sei krank. Im März erwartet sie den Bruder und die Schwägerin aus Hamburg.

»Lebe wohl! Lebe wohl! Du bist unvergänglich in mir! und bleibst so lang ich bleibe. – – –«

20

Zu Ostern ist Hölderlin in Nürtingen bei Mutter und Schwester. Heinrikes Mann ist Anfang März gestorben, und die Witwe zieht mit den beiden Kindern zur Mutter in das Haus des Schwagers Breunlin in der Kirchgasse. Noch einmal reist er danach zurück nach Homburg. Am 25. April marschiert General Moreau wieder in Württemberg ein.

Nun ist Hölderlin entschlossen, er muss dorthin, wo sich die Zukunft seines Vaterlands entscheiden wird. »Im Falle, daß die Franzosen glüklich wären, dürfte es vielleicht in unserem Vaterlande Veränderungen geben.« Der Mutter verspricht er, in diesem Fall »mit allen meinen Kräften« sie zu schützen. In diesem Fall ist auch – in geheimen Papieren des rheinischen Revolutionärs Krutthofer – bereits dafür gesorgt, dass »die gelehrtesten Männer Schwabens, die sich in und außer Landes aufhalten, deren man bereits eine Liste von 150 gehabt, berufen und die vorzüglichsten Stellen durch sie besetzt« würden.

Dies ist vermutlich die Nachricht, die er nach Frankfurt trägt, als sie sich Anfang Mai wiedersehen. Und Suzette? Aus ihren Briefen spricht immer noch Hoffnung – eine grundlose Hoffnung, dass irgend etwas, keiner von beiden wagt es genauer zu denken, sie wieder zusammenbringen könnte, dass sie eine Zukunft hätten. Es kommt alles so, wie sie es befürchtet hatte und doch anders als erwartet. »... ich zittre für die Zeit der Revolutionen, die uns nahe seyn kann, weil vielleicht sie uns für immer von einander reißt.«

In dem Augenblick, da sie zu Ende ist, kommt ihnen die Revolution so nahe wie nie.

Der zweite Donnerstag, 8. Mai morgens. Ihre Hand zittert, die Buchstaben neigen sich gefährlich schräg zur Grundlinie; hastiges, nervöses Falten des Blattes. »Wirst Du nun kommen! – – – Die ganze Gegend ist stumm, und leer, ohne Dich! Und ich bin so voll Angst wie werde ich die starken Dir entgegen wallenden Gefühle, wieder in den Busen verschließen und bewahren? – wenn Du nicht kömmst! – – – –«

Am 6. Mai haben Gontards das Haus an der Windmühle bezogen. Jakob hat es von der Mutter geerbt, 25 Morgen Land. Er ist jetzt endlich Herr im eigenen Haus und schafft sich eigene Equipage an. Suzette wird ihre kleine Landwirtschaft betreiben, wie sie es lange schon wünschte, Bäume pflanzen, Spargelbeete anlegen, Blumen aussäen und Kartoffeln anpflanzen, das Schöne mit dem Nützlichen verbinden. Gontard bestellt bei Freiherr Rüdt in Bödigheim ein paar gute Kühe.

Zwei Tage darauf ist Hölderlin wieder in Frankfurt.

Diesmal ist es ein Abschied ohne Hoffnung.

Im April, im Mai hatten sie die erste Liebe erlebt, und er hatte gesagt, was sie nie vergessen hatte: »O! wenn daß Glück ein halbes Jahr nur dauret!« Und zwei Jahre später, das Glück dauerte noch, hatte er geschrieben, dass »die Zeit, die auf den Mai folgt, die unruhigste im Jahr ist«.

Ins Nirgendwo gehen nun ihre Wünsche.

Wo die Unsern vieleicht, Dichter der Liebe, mit
         uns,
Oder auch, wo die Adler sind, in Lüften des Vaters,
Dort, wo die Musen, woher all die Unsterblichen
         sind,

13 Wirst Du nun kommen! – – – Die ganze Gegend
ist stumm …

Dort uns staunend und fremd und bekannt uns wieder
begegnen,
Und von neuem ein Jahr unserer Liebe beginnt.
(Elegie)

Mit Sicherheit ist er danach, wahrscheinlich am 2. Juni,
noch einmal in Frankfurt. Er lässt sich auf das Bankhaus
Gontard, bei Herrn Kling, sechs Carolin von der Mutter
anweisen und teilt ihr mit, dass ein Frankfurter Kaufmann
ihm ein sehr wertvolles Buch geschenkt habe, für das er sich
noch bedanken müsse. Alles dies, um etwaigen Gerüchten
seines Frankfurter Aufenthalts durchaus vernünftige Erklärungen entgegenhalten zu können.

21

Der Postwagen geht von Frankfurt ab. Drei Wochen später
ist Friedrich Hölderlin in Stuttgart. Er wohnt in Landauers
Haus. Von Suzette sind keine Briefe mehr überliefert. Sie
haben eine Unsterblichkeit gemeinsam. Nicht mehr und
nicht weniger.

Wenn aus der Ferne, da wir geschieden sind,
Ich dir noch kennbar bin, die Vergangenheit
O du Theilhaber meiner Leiden!
Einiges gute bezeichnen dir kann,

So sage, wie erwartet die Freundin dich
 In jenen Gärten, da nach entsezlicher
  Und dunkler Zeit wir uns gefunden?
   Hier an den Strömen der heilgen Urwelt.

Das muß ich sagen, einiges Gute war
 In deinen Bliken, als in den Fernen du
  Dich einmal fröhlich umgesehen
   Immer verschlossener Mensch, mit finstrem

Aussehn. Wie flossen Stunden dahin, wie still
 War meine Seele über der Wahrheit, daß
  Ich so getrennt gewesen wäre?
   Ja ich gestand es, ich war die deine.

Wahrhafftig! wie du alles Bekannte mir
 In mein Gedächtnis bringen und schreiben willst,
  Mit Briefen, so ergeht es mir auch
   Daß ich Vergangenes alles sage.

Wars Frühling? War es Sommer? Die Nachtigall
 Mit süßem Liede lebte mit Vögeln, die
  Nicht ferne warcn im Gebüsche
   Und mit Gerüchen umgaben Bäum' uns.

Die klaren Gänge, niedres Gesträuch und Sand
 Auf dem wir traten, machten erfreulicher
  Und lieblicher die Hyazinthe
   Oder die Tulpe, Viole, Nelke.

Um Wänd und Mauern grünte der Epheu, grünt'
    Ein seelig dunkel hoher Alleen. Offt
        Des abends, Morgens waren dort wir
            Redeten manches und sahn uns froh an.

In meinen Armen lebte der Jüngling auf
    Der, noch verlassen, aus den Gefilden kam,
        Die er mir wies, mit einer Schwermuth,
            aber die Nahmen der seltnen Orte

Und alles Schöne hatt' er behalten, das
    An seligen Gestaden, auch mir sehr werth
        In heimatlichen Landen blühet,
            Oder verborgen, aus hoher Aussicht,

Allwo das Meer auch einer beschauen kann,
    doch keiner seyn will. Nehme vorlieb, und denk
        an die, die noch vergnügt ist, darum,
            Weil der entzükende Tag uns anschien,

Der Mit Geständniß oder der Hände Druk
    Anhub, der uns vereinet. Ach! wehe mir!
        Es waren schöne Tage. Aber
            Traurige Dämmerung folgte nachher.

Du seiest so allein in der schönen Welt
    Behauptest du mir immer, Geliebter! Das
        Weist aber du nicht,

ABEND DER ZEIT

Noch ist die tiefste Niederlage nicht erlebt. Doch alles, was ihn davon trennt, ist nur ein Aufschub.

Stuttgart liegt von Nürtingen zwei, drei Fußstunden entfernt. Die Mutter ist am Ziel ihrer Wünsche, sie hat den Sohn in greifbarer Nähe. Von nun an übernimmt sie wieder gewissenhaft die Aufsicht über ihn, der gerade vor einigen Monaten dreißig Jahre alt geworden ist. Und so zählt er ihr gehorsam seine Hemden vor, schickt die Beinkleider zum Ausbessern und die Leibwäsche zum Umfärben. »Sie sind ja als Mutter, meine natürliche und ewige Freundin und was ist ehrwürdiger und dem Herzen wohltätiger, als wenn ein treuer Sinn, wie der Ihre, die Sorgen und nothwendigen Bedenklichkeiten des Lebens für uns übernimmt.«

Der Kaufmann Christian Landauer pflegte unter der »merkantilischen Maske«, wie ein Agent dem Hof meldete, Kontakte zu Stuttgarter Demokraten und Schweizer Jakobinern. Wie der Kaufmann Kießling in Nürnberg benutzte er sein Handlungsgeschäft und zahlreiche Reisen, um das geheime Netz der Gesinnungsfreunde zu knüpfen.

Bei Landauer ist Hölderlin als Hofmeister gemeldet, aber wohl mehr für die Augen der Kirchen- und Schulbehörde. Die Mutter zahlt für Kostgeld und Logis. Drei oder vier Herren unterrichtet er privatim in Philosophie, das bringt ihm einige Louisdor ein.

Im September erst meldet er seinen Aufenthalt dem Herzog. Er sei, erklärt er, »wegen fortdauernder Kränklichkeit«, nachdem er seit 1794 sich als Erzieher im Auslande aufgehalten, in sein Vaterland zurückgekehrt.

Stuttgart ist voller Franzosen; auch Landauers haben Einquartierung. Die Besatzer konfiszieren alles, was essbar ist, schlachten die Hühner von der Stange weg, aber wenigstens verschonen sie Kleidertruhen und Geldkästen.

Hölderlin hofft oder hat zumindest vor, »nicht so eigentlich auf ein langes Bleiben sich einzurichten«. Es könne »vielleicht über kurz oder lange doch noch ein angemessener Posten im Ausland« gefunden werden. In dieser Art hatte er sich schon im Juni 98 Neuffer gegenüber geäußert.

Um ihn herum ist Vaterland. Hier wächst der Wein, der ihm schmeckt. »Wieder ein Glük ist erlebt. Die gefährliche Dürre geneset.« Wie immer braucht er nicht viel zu seinem Glück, eine kleine Ortsveränderung, das Hochgefühl eines neuen Anfangs, abendliche Hauskonzerte mit Landauer und dessen Familie.

Es geht nicht lange gut.

Als im Herbst ein junger Schweizer, auf der Durchreise in Stuttgart, einen Erzieher für seine jüngeren Schwestern suchte, hatte Hölderlin sofort angenommen. Bis Weihnachten setzte er den Unterricht fort, dann schickte er seinen Bücherkasten und einige Meubles, die er sich angeschafft, nach Nürtingen, feierte mit seiner Familie noch das Weihnachtsfest und die Jahreswende und ging, am 11. Januar 1801, auf seine »dritte Wanderschaft«. Landauer und einige Freunde begleiteten ihn bis Tübingen.

Es sah danach aus, als wolle er dieses Mal länger fortbleiben. »Aber könnt' ich doch so die Tage meines Lebens immer wandeln zwischen Himmel und Erde.«

Nur das Ankommen will ihm nie gelingen.

Der Winter war mild wie jener vor vier Jahren, als Hölderlin nach Frankfurt kam. »Jezt bin ich wieder glüklich. Ich wandere durch diß Land, wie durch Dodonas Hain, wo die Eichen tönten von ruhmweisagenden Sprüchen. Ich sehe nur Thaten, vergangene, künftige, wenn ich auch vom Morgen bis zum Abend unter freiem Himmel wandre. Glaube mir, wer dieses Land durchreist, und noch ein Joch auf seinem Halse duldet, kein Pelopidas wird, der ist herzleer, oder es fehlt ihm am Verstande.«*

Wie Hyperion von Diotima zu dem Bergvolk des Peloponnes aufbrach, so ging nun Hölderlin zu den Schweizern, die eine Republik gegründet haben von Frankreichs Gnaden. Die Schweizer Demokraten, unter Führung des Basler Oberzunftmeisters Peter Ochs, versuchten seit Jahren, die revolutionären Bewegungen am Niederrhein und in Schwaben mit der helvetischen zu vereinen. Etwa Mitte Dezember kehrten Karl Friedrich Reinhard, ein entfernter Verwandter Hölderlins und französischer Gesandter in der Schweiz, und Georg Kerner, einer der erfolgreichsten niederrheinischen Geheimagenten, von ihrer Reise durch Württemberg zurück nach Bern. Siegfried Schmid, ein junger Dichter aus Ostpreußen, der sich in Frankfurt eng an Hölderlin geschlossen hatte, gab ihm unter dem Vorwand eines abzuholenden Buches die Adresse seines Bruders Ludwig in Basel, dem führenden Kopf der schweizerischen Jakobiner. Schmid war Angestellter im Geschäft des Baseler Textilkaufmanns Jakob Sarasin, dem man enge Kontakte zu den badischen Revolutionären nachsagte. Im Frühling reist Hölderlins Freund Gottfried Ebel nach Zürich und trifft sich dort mit Margarethe, die seit dem Tod ihrer Mutter Madame d'Orville Ebels Geliebte ist, und ganz nahe, in St. Gallen hat Suzettes

Neffe Fritz Gontard-Wichelhausen eine Kaufmannnslehre angefangen.

Auf den Hängen liegen im zeitigen Frühjahr die Leinwände wie große Segel zum Bleichen ausgebreitet. Am Horizont steht der Gipfel des Churfirsten. Zwei Herrschaftshäuser derer von Gonzenbach, das untere und das obere Schloss genannt, eine Mühle am Bach, die Hütten der Weber an die Flanken der Berge gedrückt – das war Hauptwil, ein Leinenweberdorf bei St. Gallen. Drei halbwüchsige Mädchen sind Hölderlins Schülerinnen.

Der Hauslehrer wohnt bei der Familie im Untern Schloss, dem *vieux chateau*. Vierzehn heizbare Zimmer und dreiundzwanzig Kammern, Kontor, Warenlager und ein großer Saal im Erdgeschoss. Im Obern Schloss lebt der Schwager des Fabrikanten, Hans Jakob Gonzenbach, Gerichtsherr und Fideikommissarius zu Hauptwil und Freiherten, ein glühender Anhänger der Republik. Dieser Hans Jakob wurde, als die Schweiz 1798 nach der französischen Invasion zur Helvetischen Republik erklärt wurde, vom helvetischen Direktorium zum Statthalter und Führer der revolutionären Bewegung im Thurgau eingesetzt. Daraufhin musste zum Schutz der Familie »durch die Drohung der st.gallenschen Nachbarn, die Ortschaft resp. die Fabrikgebäude etc. in Asche zu legen, weil er als Vaterlandsverräter ausgerufen worden«, 50 Mann Bewachung im Dorf postiert werden. Als im Jahr darauf die Österreicher die Schweiz zurückeroberten, behielt Hans Jakob Gonzenbach seinen Sitz in der provisorischen Regierung auch unter den neuen Herren – und wurde noch im Herbst, als die Franzosen zurückkamen, zum zweiten Mal als Landesverräter beschimpft und mit Schande des Landes verwiesen. Seither hielt er sich in Erlangen auf. Er war ein aufgeklärter Kopf. Eine bedeutende Sammlung von Kupferstichen und Büchern, mathematischen, astronomischen und physikalischen Instrumenten befand sich in seinem Besitz.

Am 23. Februar beim Frühstück erfuhr Hölderlin aus der Zeitung vom Friedensschluss zwischen Frankreich und Österreich in Lunéville. »Ich glaube, es wird recht gut werden in der Welt.« Dieser Frieden war eine Niederlage für den Herzog von Württemberg und ein großer Sieg für die Stände. Friedrich II. hatte »auf die falsche Karte gesetzt: er verlor mit der Koalition den Krieg« (Hölzle). Die Ereignisse in seinem Vaterland gerieten endlich wieder in Bewegung. Sechs Wochen später war Hölderlin schon auf dem Rückweg nach Stuttgart. Am 11. April hatte ihm Anton von Gonzenbach ein höfliches Kündigungsschreiben ausgehändigt, das familiäre Gründe für die Trennung nannte.

Mit dem Friedensschluss scheinen »die Tage der schönen Menschlichkeit« nicht mehr ganz fern, »die Tage sicherer, furchtloser Güte«. In Homburg, erinnerte er sich jetzt wieder, habe sich seiner »ein Unglaube an die ewige Liebe … bemächtiget. Ich sollte auch dahinein geraten, in diesem furchtbaren Aberglauben an das, was eben Zeichen der Seele und Liebe, aber so mißverstanden ihr Tod ist.« Nun ist wieder Hoffnung; »die Guten lassen sich nicht«. Der »ehernbürgerliche« Egoismus würde mit Krieg und Revolution verschwinden. Liebe sollte das Grundgesetz einer schöneren Geselligkeit sein. »Es fehlt oft nur am Mittel, wodurch ein Glied dem andern sich mittheilt, es fehlt sehr oft noch unter uns Menschen an Zeichen und Worten.« Denn die unsterbliche Liebe, weiß er jetzt, bleibt »Chimäre«, wenn sie nicht auf Erden verwirklicht wird. Seine Arbeit muss es sein, sich den Menschen verständlich zu machen, die alten und neuen Götter zu versöhnen, zu vermitteln zwischen dem »Lebendigst-Ewige(n)« und dem Zeitlichen, und zu »theilen alles Schiksaal / Daß alle sich einander erfahren«. Er will »eine Sprache unter Lebenden« schaffen. Ein Dichter der Liebe will er sein.

Die Geseze aber, die unter Liebenden gelten
Die schönausgleichenden sie sind dann allgeltend
Von der Erde bis hoch in den Himmel.
Und der Vater thront nun nimmer oben allein.
Und andere sind noch bei ihm.
Viel hat erfahren der Mensch. Der Himmlischen viele
genannt.
Seit ein Gespräch wir sind
Und hören können voneinander.
Denn siehe es ist der Abend der Zeit.

(Friedensfeier)

Außer mit den Geschwistern blieb Hölderlin mit Landauer im Briefwechsel. Die Messe stand bevor. »Bester! Wenn Du nach Frankfurt kommst, so denk an mich! Willst Du? ich werde hoffentlich immer meiner Freunde werth seyn.«

Solange er diesen Freund hat, weiß Suzette, wo er sich befindet.

Nach Stuttgart geht er nicht zurück. Da er für die drei Monate nicht einmal genug Geld bekommen hat, um seine Rückreise zu bezahlen, kommt Hölderlin wahrscheinlich völlig mittellos in Nürtingen an.

14 Die Herrschaft Hauptweil

Zunächst, Mitte Mai, erreicht ihn von Charlotte von Kalb ein Brief aus Mainz. Sie habe ihm Wichtiges mitzuteilen und erwarte ihn dort. Es gibt keinen Hinweis, dass Hölderlin sie aufgesucht hätte. Überhaupt liegen zwischen dem 11. April und dem 2. Juni, als er an Schiller schreibt, er wünsche nach Jena zu kommen, um Vorlesungen über griechische Poesie zu halten, sieben Wochen, von denen wir nicht wissen, wo er war.

Nur dass er, kaum angekommen, schon wieder wegwill.

In Nürtingen wohnt er zusammen mit Mutter, Großmutter, der verwitweten Schwester Heinrike und deren zwei Kindern in der Kirchgasse, im Haus des Schwagers seiner Schwester. Sein väterlicher Erbanspruch betrug 4300 Gulden, also etwa vierhunderttausend Mark, die seine Mutter für ihn in Schuldverschreibungen zu 5 % Zins angelegt hat. Von den jährlichen Zinserträgen teilt sie ihm zu, was er verlangt, und vermerkt es gewissenhaft in ihrem Rechnungsbuch unter dem Titel »Ausgaben vor den l. Fritz. Welche aber wan Er im gehorsam Bleibt nicht sollen abgezogen werden«.

Bis 1793, zu Friedrichs Magisterexamen, betrug die »suma der außgaben bis jetzt 2412 ff« und stieg bis 1795 auf 2672 Gulden, die der Sohn neben seinen Stipendien und seinem Gehalt als Hauslehrer in Walterhausen verbraucht hatte. Die Mutter drängt ihn erneut zu einer Vikarstelle. Auch das Konsistorium hat sich an seine Fersen geheftet: In Schwaben herrscht wegen der Kriegszeiten Pfarrermangel.

Am 23. Juni wendet sich Hölderlin, dringender, nach Jena an den Landsmann und Freund, den Philosophieprofessor Niethammer. »Ich will meine Lage verändern und bin entschlossen, das Leben eines privatisirenden Schriftstellers, das ich jezt führe, nicht länger fortzusezen.«

Eine Antwort bleibt aus oder ist nicht erhalten.

Im Oktober ruft Christian Landauer, soeben von der Frankfurter Messe zurückgekehrt, Hölderlin eilig nach Stuttgart. Jakob Ströhlin, Professor am Gymnasium, habe eine Hauslehrerstelle in Bordeaux für ihn.

Die Franzosen haben Württemberg geräumt, ohne sich um die Forderungen der Ständevertretung zu kümmern: Mitspracherecht über die Klauseln des Friedensvertrages, Wiederherstellung des alten Ausschusses, Befreiung der politischen Gefangenen, Inkorporierung der durch Entschädigung hinzugewonnenen Gebiete.

Ausgestattet mit 30 000 Franken, wird als ständischer Gesandter Jakob Abel nach Paris geschickt. Aber Charles Maurice Marquis de Talleyrand, Außenminister der Republik, kassiert bei dieser Gelegenheit gleich zweimal: Per Eildepesche macht er dem Herzog von Württemberg Mitteilung von Abels lukrativem Besuch, schickt den Börsenmakler Saint-Foy zu dem herzoglichen Gesandten von Normann und setzt ihn unter Druck. Normann erhält von Stuttgart umgehend *ordre*, 300 000 Franken auf Talleyrands Tisch klingeln zu lassen, denn ohne Geld »mögen keine Augen sehen und keine Ohren hören«.

Die ständischen Demokraten waren damit aus dem Feld geschlagen. Friedrich handelt die Geheimartikel des Friedensvertrages mit Frankreich allein aus.

Hölderlin bleibt bis in den November bei Landauer und geht nach Nürtingen nur zurück, um Abschied zu nehmen.

In Stuttgart hat er sich noch einen schwarzen Kaschmirrock für 23 Gulden 30 Kreuzer machen lassen, dazu sechs neue Musselin-Halstücher für 10 Gulden 48 Kreuzer. Landauer gibt ihm Kredit.

Alles, was wir über die Gründe der Reise wissen, ist: Das Vaterland war ihm schon wieder zu eng geworden; »ich fühl' es, mir ists besser, draußen zu seyn«. Niemand hat Verwendung für einen Dichter der Liebe. An Böhlendorf schreibt Hölderlin kurz vor seiner Abreise, dass es vielleicht für immer sein könnte. »Und nun leb wohl, mein Theurer! Bis auf weiteres. Ich bin jezt voll Abschieds. Ich habe lange nicht geweint. Aber es hat mich bittre Thränen gekostet, da ich mich entschloß, mein Vaterland noch jezt zu verlassen, vielleicht auf immer. Denn was hab' ich lieberes auf der Welt? Aber sie können mich nicht brauchen.«

So bricht er nach Frankreich auf, im Jahr X der Republik.

In Frankfurt schneit es. Henry ist auf dem Gymnasium in
Hanau, Suzettes vertrauteste Freundin Margarethe Sömme-
ring im Januar gestorben. Gredel, die Schwägerin, hat in
Zürich ein neues Leben angefangen.

Die Entfernung des Freundes nach Stuttgart war nichts
gegen diese. »Weiter gehest du doch nie von mir? Nie ganz?
Dahin kömmst Du immer wieder! Und auch wieder zu mir!«

Die Reise über französische Chausseen mit knietiefen Lö-
chern, durch überschwemmte Ebenen, »über die gefürch-
teten überschneiten Höhen der Auvergne, in Sturm und Wildniß, in eiskalter Nacht und die geladene Pistole neben mir
im rauhen Bette«, dauerte vier Wochen.

In Straßburg bleibt Hölderlin vierzehn Tage; er löst einen Wechsel auf Landauer über 66 Gulden ein. Und noch
ein anderer Schwabe, der Bildhauer Landolin Ohmacht,
Schöpfer der Marmorbüste Suzette Gontards, hält sich zu
dieser Zeit in Straßburg auf. Der Stadtrat hatte ihm den Auftrag zum Entwurf und Ausführung eines Denkmals für den
französischen General Desaix erteilt, mit dessen Rheinüber-
tritt im Frühsommer 1796 das französische Kriegsglück eine
günstige Wende genommen hatte. Ohmachts republikanische Gesinnung war unzweifelhaft, seit er in Basel mit Peter
Ochs und Jakob Sarasin, in Hamburg im Kreis von Heinrich Sieveking und Caspar Voght freundschaftlich verkehrt
hatte. 1803 wird er sich für immer in Straßburg niederlassen.

Die Polizeibehörde habe ihn in Straßburg aufgehalten,
schreibt Hölderlin am 9. Januar 1802 der Mutter aus Lyon.

In Lyon sei er nur für eine Nacht abgestiegen. Es werden aber daraus vier Tage, in denen die alte Handelsstadt hohen Besuch empfängt. Außenminister Talleyrand, wie üblich fürstlich in Samt gekleidet, und der erste Konsul Bonaparte beraten sich mit den Statthaltern der rheinischen Provinzen. Am 11. Januar reitet Napoleon durch Lyons Straßen, von der Bürgerschaft umjubelt als »vainqueur et pacificateur« (Sieger und Friedensbringer) wie einst der unglückliche Bürgerkönig Louis Capet.

Am 28. Januar erreicht Hölderlin Bordeaux, die Hauptstadt des Departement Gironde, und findet das Haus seines Dienstherrn nahe dem halbmondförmigen Hafen im Vorort Chartrons, dem Viertel der wohlhabenden Großkaufleute. Unter großer Beflaggung und Kanonensalven werfen »Kauffahrteischiffe« aus allen Ländern der Erde Anker. Prächtige Segelschiffe ziehen langsam, sobald ein günstiger Nordostwind sie in die Biskaya manövriert, durch die breite Garonne-Mündung an den Piers vorbei.

Daniel Christoph Meyer, Freimaurer und Protestant, einundfünfzig Jahre alt, hatte vor der Revolution mit Schiffsausrüstungen für den westindischen Sklavenhandel viel Geld verdient. Nach der Befreiung der Kolonien zog er sich auf den Weinexport zurück. Vor etwa dreißig Jahren als Weinhändler nach Bordeaux gegangen, blieb er als Hamburgischer Handelskonsul mit der Vaterstadt eng verbunden, hatte 1790 Anne Marie Henriette Andrieu de St. André geheiratet, eine reiche Witwe von den Kolonien, die mehrere Kinder mit in die Ehe brachte, von denen das jüngste, Marguerite, vierzehn war. Vier eigene Kinder wurden geboren, das erste starb. Die neunjährige Anne Mathilde und die zwei jüngeren Mädchen sind Hölderlins Schülerinnen.

Nach Ende der Börse um drei Uhr wird gegessen, wie in Frankfurt. Meyer hat häufig Gäste zum Diner. Die Hausfrau pflegt ihre eigenen Abendgesellschaften, bei denen Bier getrunken wird. »Französische Politur ist da mit deutscher Gutmüthigkeit gemischt, leicht gestimmte Unterhaltung der Gesellschaft mit ungezwungener Annäherung und freier Mittheilung. Man lebt unter Freunden, der Cirkel bildet eine Familie.« So berichtete der hamburgische Domherr Johann Daniel Meyer, ein Bruder des Hausherrn, der im Frühjahr 1796 den Hamburger Kaufmann Sieveking bei seinen Unterhandlungen mit dem Pariser *directoire* um Aufhebung des Hamburger Embargos begleitet hatte und im vorigen Sommer auf seiner Reise durch das südliche Frankreich in Bordeaux zu Gast gewesen war. Als Korrespondent schrieb er regelmäßig für den Stuttgarter Verleger Cotta. Zusammen mit der Familie Rodde-Schlözer und Dorotheas Liebhaber Charles Villers war der Domherr erst im September 1801 über die Schweiz und Stuttgart zurückgereist.

Die Siegeszüge der republikanischen »Nacktmode« des Monsieur David haben auch die Kaufmannshäuser von Bordeaux erreicht. »Die Moralisten haben gut reden, wenn sie unseren Damen mit schweren Krankheiten oder gar dem Tod drohen«, bemerkt am Tag von Hölderlins Ankunft *L'echo du commerce*, »sie folgen darum nicht weniger dieser Mode, die nichts zu ahnen übrigläßt: Vom Ladenmädchen bis zur Dame der ersten Gesellschaft kleidet sich jede à la grecque«.

Es war Suzettes Welt, in die Hölderlin zurückgekehrt war, eine Welt des Handelsgeistes, des Luxus und der Moden, der Etikette und der kalten Berechnung. In dieser Stadt voll trä-

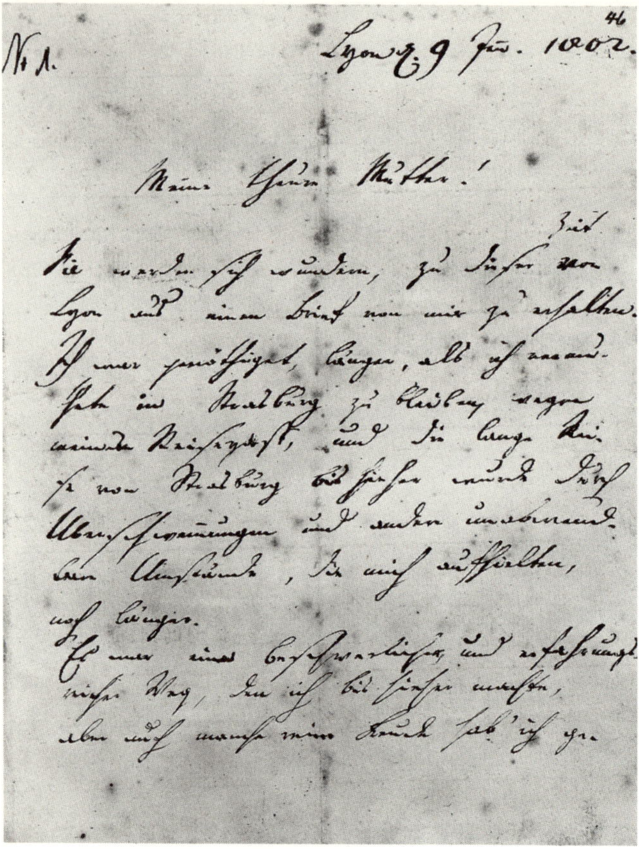

Nr. 1. 46

Lyon d. 9 Jan. 1802.

Meine theure Mutter!

Sie werden sich wundern, zu dieser Zeit von Lyon aus einen Brief von mir zu erhalten. Ich war genöthiget, länger, als ich vermuthete in Strasburg zu bleiben wegen meines Reisepasses, und die lange Reise von Strasburg bis hieher wurde durch Überschwemmungen und andere unvermeidlichen Umstände, die mich aufhielten, noch länger.
Es war ein beschwerlicher, und erfahrungsreicher Weg, den ich bis hieher machte, aber auch manche reine Freude hab' ich ge-

15 Ich war genöthiget, länger, als ich vermuthete
in Strasburg zu bleiben …

ger nachrevolutionärer Melancholie, überglänzt von einer gleichgültigen Sonne, wo noch vor kurzem der anarchistische *terreur* der Revolution gewütet hatte, gehen die Geschäfte ihren gewöhnlichen Gang. Auf der Place Dauphine ist das Pflaster aufgeworfen, wo die Enthauptungsmaschine stand, man sieht noch die Vertiefung der Grube, die das Blut der Guillotinierten auffing. Innerhalb von vierzehn Monaten fielen während der Septembermorde des Jahres 1793 fünfhundertachtzig Köpfe in den Korb. Auf dem Eingang zum Kartäuserkloster hinter der Festung Trompette ist der verblasste Spruch der Revolution zu lesen: *Vivre libre ou mourir*, Freiheit oder Tod. In den Mönchszellen hat die Stadtverwaltung Flüchtlinge aus St. Domingo untergebracht, Schwarze und Weiße, zusammengepfercht in Schmutz und Enge, geflohen vor General Toussaint, dem Anführer des Sklavenaufstands.

Die Straßenschilder tragen noch immer die Namen aus den Revolutionsjahren, aber die Freiheitsbäume auf den Plätzen stehen vertrocknet. Durch die Straßen der Armenviertel hinter den Chartrons treibt trockenes Laub, von den Mauern reißt der Seewind Fetzen verschlissener Revolutionsplakate.

Die Augen sind ihm geöffnet, dass »Barbaren auch leben, wo allein herrschet Sonne«. Etwa 150 deutsche Kaufleute betreiben um 1790 ihre Geschäfte in Bordeaux. Einige waren zugleich Reeder, Financiers und Treuhänder überseeischer Besitzungen. Ein enges Geflecht familiärer und wirtschaftlicher Beziehungen verbindet die Kommissionäre Bordeaux' mit denen in Frankfurt und Hamburg. Ihr unbestrittener Grandseigneur war bis zu seinem Tod 1792 Johann Jakob von Bethmann, österreichischer Konsul und kaiserlicher Reichsfreiherr. Durch geschickt angeheiratete Teilhaberschaften verhalf er auch dem Bethmann-Haus seiner beiden Brüder in Frankfurt zu glänzendem Aufstieg. Seine Tochter Elisabeth von Bethmann-Metzler, Simonetta genannt (Hölderlin notiert den Namen auf einer Homburger Wäscherei-Rechnung), lebt seit ihrer Jugend in Frankfurt, eine vertraute Freundin der Frau Rätin Goethe. Sein erfolgreicher Neffe Simon Moritz Bethmann gründete auf das Geld, das der Onkel in Bordeaux verdient hatte, in den neunziger Jahren sein Staatsanleihengeschäft, das ihn zum mächtigsten Bankier Deutschlands machen wird, bis die Frankfurter Familie Rothschild zu Anfang des neuen Jahrhunderts ihm diesen Rang streitig macht.

Hier in Bordeaux pulsiert der Lebensnerv der europäischen Wirtschaftskraft, hier werden die Kaperschiffe ausgerüstet, die gegen Englands Flotte ziehen, hier ankert die Armada der mächtigen Compagnie des Indes, von hier ließ Ludwig XIV. seine Flotte während des Siebenjährigen Krieges zur Kolonialisierung Kanadas auslaufen und Napoleon seine Schiffe für den Ägyptenfeldzug mit Proviant beladen.

Es beginnet nemlich der Reichtum im Meere. Sie,
Wie Mahler, bringen zusammen
Das Schöne der Erd' und verschmähn
Den geflügelten Krieg nicht, und
Zu wohnen einsam, jahrlang, unter
Dem entlaubten Mast, wo nicht die Nacht durchglänzen
Die Feiertage der Stadt,
Und Saitenspiel und eingeborener Tanz nicht
…

Es nehmet aber
Und giebt Gedächtniß die See,
Und die Lieb' auch heftet fleißig die Augen,
Was bleibet aber, stiften die Dichter.

(Andenken)

So hat sich Hölderlin später seiner Zeit in Bordeaux erinnert. Jetzt, in der flirrenden Hitze des Frühsommers, unter der südlichen Sonne, stürzt sein inneres Griechenland lautlos zusammen, dieses Ideenreich unsterblicher Schönheit, Liebe und Freiheit, das sich die Revolution von 1789 auf ihre Fahnen geschrieben hatte.

»Das gewaltige Element, das Feuer des Himmels und die Stille der Menschen, ihr Leben in der Natur, und ihre Eingeschränktheit und Zufriedenheit, hat mich beständig ergriffen, und wie man Helden nachspricht, kann ich wohl sagen, daß mich Apollo geschlagen.«

Mit zweiunddreißig Jahren erlebt Hölderlin im südlichen Frankreich, was Goethe mit siebenunddreißig in Italien erlebt hatte: die unmittelbare Berührung mit dem »Volk«, den einfachen Menschen des dritten Standes, die Erweckung eines sinnlichen Künstlertums, das unter einer bigotten und mönchischen Erziehung, in der starren Konventionalität der Gesellschaft verkümmert war, die ekstatische Wirkung von Natur und Lebensweise des Südens auf die Lüste des Körpers, die Wiedergeburt des ursprünglichen Eros und die Entdeckung der eigenen Gegenwärtigkeit vor der Kulisse der römischen Altertümer. »Das Athletische des südlichen Menschen, in den Ruinen des antiquen Geistes, machte mich mit dem eigentlichen Wesen der Griechen bekannter; ich lernte ihre Natur und ihre Weisheit kennen, ihren Körper,

die Art, wie sie in ihrem Klima wuchsen, und die Regel, womit sie den übermüthigen Genius vor des Elements Gewalt
behüteten.«

Als dieser Brief geschrieben wird, im November 1802,
liegt die Katastrophe von Frankfurt schon hinter ihm. Es
bedurfte dieses anderen Blicks, damit sie ihn im Innersten
erschüttert.

Er hatte gewusst von seiner Gefährdung. »Ich werde den
Kopf ziemlich beisammen halten müssen, in Frankreich ...«
Er musste sich zur Vernunft rufen. Wenn er zurück ist, wird
er selbst ein anderer sein, verändert bis auf den Grund seiner
Existenz.

Am 8. Mai 1802 lässt sich Napoleon Bonaparte zum Konsul
auf Lebenszeit ernennen. Zwei Tage später händigt die Polizeibehörde in Bordeaux Hölderlin einen Pass nach Straßburg aus. Wiederum nach beinahe genau drei Monaten reist
er ab. Auf Landauer hat er noch einmal einen Wechsel über
77 Gulden eingelöst. Am 18. Mai sind Johann Valentin
Meyer, der älteste der Meyer-Brüder, und sein ältester Sohn
Georg Christian aus Hamburg bereits unterwegs nach Bordeaux. Besuch aus Hamburg, wo man über ihn und Suzette
mit Sicherheit Bescheid wusste, war gewiss das Letzte, was
Hölderlin gebrauchen konnte. Zweifellos würde das Be-
kanntwerden seiner Beziehung zu Frau Gontard seine so-
fortige Entlassung bewirkt haben. In der literarischen und
Handelswelt kannte jeder jeden und kein Geheimnis blieb
es lange.

Ungewiss wie die innersten Beweggründe dieser übereilten
Abreise muss auch bleiben, ob Hölderlin über Paris oder auf

16 Stadtansicht Bordeaux

direktem Weg zurückkam. Mit der französischen Post hätte er nach Paris fünfeinhalb Tage gebraucht. Das Postgeld war teuer, achteinhalb Carolin (26 Gulden) mit Verpflegung und Übernachtung. Zu Fuß hätte die Reise mindestens vierzehn Tage gedauert. Wenn ihn, auf welchen Wegen auch immer, eine Nachricht von Suzettes Krankheit aus Bordeaux zurückgerufen hätte (wie Pierre Bertaux vermutet hat), wäre es abwegig, davon auszugehen, dass er noch in Paris antike Skulpturen besichtigt hat, bevor er am 7. Juni bei Kehl die Grenze passierte. Er expediert also sein Gepäck nach Straßburg, umgeht diesmal das Gebirge und wandert an der Grenze zum Departement Vendeé zurück Richtung Norden, vorbei an den römischen Triumphbögen und verfallenen Amphitheatern von Poitiers, bis nach Tours und dann durch das Tal der Loire nach Osten. Bei Amboise kriecht der Wald die Hänge hinab bis an den Fluss, der sich wenig später an Steinbrüchen und steilen Felswänden vorbeizwängt und den Blick auf zerstörte und niedergebrannte Schlösser und Klöster freigibt, deren gotische Türme zuweilen aus dem Wald ragen, die Tempel und Boskette verlassen in der staubigen Hitze. Braune Kinder baden im seichten Flusswasser. Ab Veuve sind die Ufer flach. Zwischen Tours und Blois geht die Poststraße parallel neben dem Hochwasserdamm. Die berühmte elfbögige Brücke von Blois ist im Vendee-Krieg auf Anweisung des Magistrats zerstört worden, um die republikanischen Armeen von der Stadt fernzuhalten. Dann wieder Weinhänge, sanfte Täler, die Ufer mit Pappelreihen besetzt. Irgendwo in den Ebenen der Champagne verlieren wir ihn aus den Augen.

Kann sein, dass gerade wieder »ein Jahr der Liebe« vergangen war. In einer knappen Woche, fünf Tagemärsche von der deutsch-französischen Grenzstation, könnte er in Frankfurt sein. Am 13. Juni ist Henrys 15. Geburtstag.

Wie sollte er nicht die Landschaften zwischen Dordogne und Garonne mit Suzettes Augen gesehen haben, wo ihr Urgroßvater geboren war, in Bergerac, wo ihre Vorfahren seit Generationen als Seidenhändler gelebt hatten. »Um dann künftig uns wiederzusehen«, hatte sie im Frühsommer 99 geschrieben, »und ohne Nachricht uns nicht zu verfehlen, muß ich mit Dir einen Tag bestimmen von wo ich anfange zu rechnen wenn du alle Jahr einmal kommen willst, Du wirst mir wohl immer so gegenwärtig bleiben daß Deine Erscheinung mich nicht erschrecken wird. – – – –«

Erst gegen Ende Juni erscheint er in Stuttgart, in Landauers Haus. Er hat sich sehr verändert. Man erkennt ihn nicht wieder. Von Sinclair ist ein Brief für ihn angekommen. »Der edle Gegenstand Deiner Liebe ist nicht mehr, aber er war doch dein.«

DIE ARCHITEKTONIK DES HIMMELS

Suzette Gontard starb am 22. Juni 1802, dem zehnten Tag ihrer Krankheit. Gottfried Ebel war bei ihr bis zuletzt.

Sie hatte, nach längerer Zeit wieder, am 7. April ein Lebenszeichen an Marie nach Bödigheim geschickt. An die gemeinsamen Jahre am Hirschgraben erinnerte sie sich nicht mehr gern, »weil die Vergangenheit vorzüglich voll Gegenstände der Trauer für mich ist … Meinen großen unersetzlichen Verlust berühre ich nicht, meine Gefühle darüber aufzuschließen wäre mehr als ich tragen könnte, ich verhülle sie gern in heilige Dunkelheit, ein dichter Schleier decke sie für immer! − − − Was soll ich Ihnen denn sonst noch erzählen, gute Marie? − Wir ziehen in einigen Wochen in den Garten, und ich hoffe, es soll mir wohltun, denn ich fühle mich etwas gelähmt, von so manchen Gemütsbewegungen die ich diesen Winter über hatte, im Ganzen ist aber meine Gesundheit viel daurhafter geworden, sonst hätte ich so vieles nicht aushalten können ohne selbst krank zu werden. Meine Kinder sind alle wohl, mein Henry wird am nächsten Sonntag in Hanau konfirmiert, bald nachher wird er wieder zu uns kommen.«

Anfang Juni war sie noch auf einem großen Diner bei ihrem Schwager Franz. Die dabei gewesen sind, haben das Kleid bewundert, das sie trug, weißer Atlas, schwarzer Tüll, dazu ein kleiner Krepphut mit einer Feder. »Hals, Arme, Brust und Gesicht so weiß wie Alabaster; sie trug keinen Schmuck. Die anwesenden Herren umgaben sie unaufhörlich; Graf Schlick, der österreichische Gesandte, Herr Baron von Schall, dessen Attaché, und Herr von Hiesinger, der französische Gesandte …« So beschrieb es Suzettes Nichte, die damals vierzehnjährige Maria Belli-Gontard.

Kurz darauf brachen die Röteln in Frankfurt aus. Die Gontard-Kinder steckten sich bei den Sömmering-Kindern an. Suzette bekommt hohes Fieber. Ihr Zustand verschlechtert sich täglich. Jakob Gontard wirft sich in die Kutsche und jagt nach Kassel, in Begleitung des Cousins Brevillier. Floh er vor ihrem Sterben oder vor dem ungebetenen Gast in seinem Haus? Der Prokurist Kling wird ihm nachgeschickt. Um ihm die Todesnachricht zu bringen?

Für die kranken Kinder sorgen Verwandte.

Marie erfährt es im August. »ich liebte sie so zärtlich so treu! Und wohl mir das ich nicht am Glauben an sie wankte daß ich sie immer mit treuer Freundschaft vertheidigte ein Trost für sie sollte mir's seyn daß sie nie glüklich geweßen wäre …«

Sinclairs Brief vom 30. Juni ist die einzige überlieferte Nachricht an Hölderlin von Suzettes Tod, aber sie fand wohl schon einen Trauernden vor. »Du glaubtest an Unsterblichkeit, da sie noch lebte, Du wirst gewiß itzt mehr denn vorher glauben, da das Leben Deiner Liebe sich vom Vergänglichen geschieden hat.« Welch feiner Sarkasmus; was verstand Sinclair von dieser Liebe, hielt er doch auch den *Hyperion* für ein »personificiertes Moralsystem«.

Einige Tage bleibt Hölderlin bei Landauer, der am 3. Juli die 30 Gulden Frachtgeld für den Koffer bezahlt, der unterdessen aus Straßburg angekommen ist.

Sein Gesicht ist von der Sonne verbrannt, Bart und Haare sind ungeschnitten. Zweimal läuft er von Stuttgart nach

Nürtingen und wieder zurück, über Esslingen, Türkheim, He-
delfingen, blicklos in der glühenden Hitze, das verschwitzte
Hemd über der Brust offen, ohne Halstuch, ohne Gepäck,
wie einer dieser Sansculotten »zu der Zeit, in welcher die
Demagogen dem Volke durch Nachahmung der Unfläthig-
keit und Zerlumptheit des Bettlers zu schmeicheln suchten«
(Alphonse de Lamartine).

Landauer gelingt es, ihn zu besänftigen. Lässt ihn schweigen, hört ihm zu. Wie er nach Nürtingen kam. Wie die Mutter, blass vor Entsetzen, der verwilderten Erscheinung die
Tür geöffnet habe. Wie er gesagt habe, dass er unterwegs
beraubt worden sei und die Mutter es nicht glauben wollte.
Dass sie ihn, in einem Augenblick, da er schon mehr verloren hatte als ein Leben, heftig zur Rede gestellt habe wegen dieser Geschichte in Frankfurt, die ihr, man weiß nicht
wie, zu Ohren gekommen war, dass er, außer sich vor Erregung, das Haus verlassen hätte.

Was wirklich vorgefallen ist, bleibt verborgen. Vielleicht
ging es um Geld. Ende Juli fordert Frau Gock Landauer auf,
ihr mitzuteilen, was ihr Sohn schuldig sei, damit sie den
Betrag, immerhin 244 Gulden und 22 Kreuzer, begleichen
könne.

Sicher ist nur: Die Mutter lässt ihn nicht in Ruhe. Was
konnte man ihm Schlimmeres tun, als ihm das Letzte zu nehmen, seine Trauer. So wäre ihm Suzette ein zweites Mal gestorben. Und er wird alle Anstrengung aufwenden müssen,
um diesem Tod, der so unerwartet wie undeutbar war, einen Sinn zu geben.

daß nirgends ein
Unsterbliches mehr am Himmel zu sehn ist oder
Auf grüner Erde, was ist diß?

(Patmos)

Nach einigen Tagen geht er nach Nürtingen zurück, schließt
sich im Zimmer ein. Den Bart nimmt er nicht ab, die Haare
lässt er nicht kürzen.

Die erste Gelegenheit, die sich ihm bietet, wird er benutzen, das Haus zu verlassen, in dem seine Trauer nicht re-
spektiert wird. Nie mehr wird er das Haus eines Kaufmanns
betreten. Weißbinder, Uhrmacher, Schreiner werden seine
Vermieter sein.

Er braucht lange, sich zu fassen. Der Lebensbogen hat
sich zum Kreis geschlossen. Er war an den Ausgangspunkt
zurückgekehrt. In der poetischen Imagination hatte er alles schon einmal erlebt, wie sein Held in der Erinnerung:
Hyperions Bekanntschaft mit Diotima. Die Abende unter
Diotimas Bäumen. Der Abschied, der Aufbruch in den Krieg.
Die verlorene letzte Schlacht, das Ende der Illusionen, Hyperions Heimkehr und Diotimas Tod. So wäre er also zu
spät gekommen, wie Hyperion. Mehr noch, er wäre schuldig an Suzettes Tod, wie Hyperion schuldig geworden war
an Diotima, schuldig des Liebesverrats. Suzette hatte ihn in
der Kraft des Liebens übertroffen, sie war die größere Liebende, sie war seine Meisterin geworden.

Seine Niederlage war bodenlos. Trauma der ewigen Wie-
derholung, dem nicht zu entkommen war: Die Wirklichkeit hatte den Roman nicht nur kopiert, sondern in ihrer
tödlichen Faktizität noch brutal übertroffen; »ich hatte mir
ein düster Schwanenlied gesungen«.[*]

17 Maske Suzette Gontard

Im September 1802 reist Hölderlin nach Regensburg, wo der Reichstag die in Rastatt abgebrochenen Friedensverhandlungen weiterführt bis zum sogenannten »Reichsdeputationshauptschluss«. Den Pass besorgt Karl Gock. Die Reisekosten bezahlt Sinclair, der ihn dort erwartet. Sie vereinbaren, dass Hölderlin nächstens nach Homburg zurückkehren wird.

Die bayerische Passbehörde konnte bei der Einreise keine Gebrechen an dem jungen Mann mit dem braunen Bart, braunen Haaren, breiten Schultern, rötlichen Wangen feststellen, der sich als Friedrich Hölderlin auswies. Wohl aber bei seiner Rückkehr dessen Mutter.

Er gehe nicht aus dem Haus, klagt sie am 20. Dezember 1802, ihr »bedauernwürdigster Sohn« entziehe sich ihrer Fürsorge und auch der seiner Schwester und habe »mit niemand keinen Kontakt«. Der Arzt habe geraten, ihn von den beiden überängstlichen Frauenzimmern zu entfernen. Nun hat sie erfahren, er wolle im kommenden Frühjahr nach Homburg, »welches doch unter solchen traurigen Umständen nicht möglich wäre«, schreibt sie an Isaac von Sinclair, »er würde u. müßte euer Wohlgeboren lästig werden«.

Vier Monate – von Juli bis November 1802 – bleibt er in seiner Stube verschwunden, unterbrochen nur von der Reise nach Bayern. Im Februar 1803, Charlotte Kalb ist in Homburg, erwarten sie und Sinclair ihn. Von Stuttgart beklagt sich Landauer, dass er monatelang nichts von ihm gehört habe.

Hölderlin schweigt.

Im Juni 1803 wendet sich Frau Gock wieder an Herrn von Sinclair. Sie glaube nun sicher, dass ihr lieber Fritz den Verstand verloren habe, »obwohl er auch gute Tage u. Stunden hat«. Vorsichtig erklärt ihr darauf Sinclair, dass er an eine eigentliche Krankheit und Gemütsverwirrung nicht glauben, sich aber vorstellen könne, dass ein so fein fühlendes Wesen wie ihr Sohn darunter leiden müsse, für geisteskrank gehalten zu werden. Er würde demnächst in Homburg erwartet; 200 Gulden ständen von seiner eigenen Besoldung für Hölderlins Unterhalt zur Verfügung. Schließlich verbittet sich Sinclair jede weitere Einmischung. Es gehe sie nichts an. Aber Johanna Gock lässt nicht nach, erwidert postwendend, dass ihr Sohn eine Reise von Nürtingen nach Homburg nicht allein werde machen können und dass sie sich auch für ihn entschuldige, weil er so selten schreibe; sie mahne ihn ständig, er verschiebe es aber immer.

August 1803: Seit einem Jahr bitte sie ihn, nicht so viel zu arbeiten, weil das seinen Gemütszustand verschlimmere; nun arbeite er seit einigen Tagen wenig, gehe aber jetzt immer hinaus aufs Feld und komme erschöpft spätabends zurück, und dieses Herumwandern müsse ja die Sinne schwächen, weil es mit ihm nicht besser werde. Januar 1804: Sie habe ihn gemahnt, Sinclair zu schreiben, aber er höre nicht auf sie, er will ein Gedicht schreiben, aber es ist nach drei Wochen noch immer nicht fertig. Dass es so langsam gehe mit dem Dichten, ist ihr ein weiteres Zeichen der Krankheit.

Würde er die Mutter nicht lieben, seine »Mamma«, seine »natürliche Freundin«, es wäre einfacher für ihn, wegzugehen. Sogleich nach seiner Rückkunft hat er aus dem Griechischen zu übersetzen begonnen. Der Klang der griechischen Sprache, seit zwanzig Jahren vertraut wie seine Muttersprache, übertönt für Stunden die scharfe Stimme, die durch das Haus gellt. Zwei Tragödien des Sophokles sind, von Ende

Juli bis Anfang Dezember 1802, ins Deutsche übertragen. »Ödipus der Tyrann« und »Antigone«. Im November/Dezember 1802 entsteht die große Hymne »Patmos«, dem Landgrafen von Homburg zum Geburtstag gewidmet. Im Winter 1803 bietet er einem Frankfurter Verleger einen Zyklus von neun Elegien zum Druck an, die »Nachtgesänge«.

Er weiß sich an einem Endpunkt angekommen, »und auf den Schultern eine Last von Scheitern«. Er muss seinem Leiden nachgehen bis auf den letzten Grund, damit sich die Wahrheit klar und scharf abzeichne.

> … Himmlische nemlich sind
> Unwillig, wenn einer nicht die Seele schonend sich
> Zusammengenommen, aber er muß doch; dem
> Gleich fehlet die Trauer.
>
> *(Mnemosyne)*

Fünf Monate vertieft sich Hölderlin in Sprache und Baugesetze der sophokleischen Trauerspiele, sucht er nach dem genauesten Wort, der härtesten Klarheit im Deutschen. An Ödipus und seiner Tochter Antigone aus dem thebanischen Atridengeschlecht erkennt er, wie der Einzelne unschuldig schuldig werden kann, indem er sich anmaßt, die Sprache der Götter zu verstehen, sie zu verkündigen. Wie der Mensch mit seinem Unglück fertig werden kann, ohne zu zerbrechen. Wie schließlich die unbedingte Befolgung des moralischen Gesetzes die Liebe höher achten soll als die Gesetze des Staates oder der Gesellschaft, denn sie bleibt über den Tod hinaus wahr.

Nie dachte Hölderlin klarer, urteilte nüchterner über sich selbst als in jenen Monaten in Nürtingen, da er – in fieberhafter Übersetzungsarbeit – für seine Umgebung einem Wahnsinnigen glich. Die Sprache schließt sich noch einmal in den mythischen Raum einer Welt ein, in der noch die lebendige Gottheit wirkt, um ganz bei sich selbst zu sein und den Wahn zu bannen, das Unbegreifliche, das von außen herandrängt.

Die Übersetzungen selbst folgten, wie Wolfgang Binder schlüssig nachwies, Hölderlins Einsicht, dass die Eigenheit der griechischen Poesie nicht, wie die klassizistischen Nachahmungspoetiken behaupteten, in ihrer strengeren Regelhaftigkeit, in der normativen Kunstform bestehe, sondern, im Gegenteil, im exzentrischen Ausdruck einer archaischen Lebensweise und Religion unter dem Einfluss südlich-mediterraner Landschaft, in dem »Feuer des Himmels«, dem Fremdartigen, »Orientalischen« einer leidenschaftlichen Naturbezogenheit.

In Frankreich hat Hölderlin die elementare Gewalt menschlicher Empfindungen, zum ersten Mal vielleicht, am eigenen Leib begriffen. Vor diesem dionysischen Feuer muss aber die strenge Idealität der apollinischen Schönheit verblassen. Während in der »vaterländische(n) Kunstform«, stellt Hölderlin in den Anmerkungen zur *Antigone* fest, das »Tödtendfactische« zum Wort werde, weil nicht eigentlich Menschen miteinander streiten oder sterben, sondern Ideen, zeige die altgriechische Dichtung, wie »das Wort den Körper ergreift, dass dieser tödtet«. Das bedeutete – unerhörte Einsicht – daß der Tod im antiken Drama ein wirklicher, physischer Tod der Personen war und ihn nicht bloß »bedeutete«.

Für immer sind Geist und Leib von nun an geschieden; das »Gehäuse des Idealismus« ist zerbrochen, die Harmonien sind zerrissen. Sind aber Götter und Menschen für immer getrennt, dann ist der Dichter nicht mehr der von den Himmlischen Auserwählte, sondern ein Handwerker im Sinne der aristotelischen Poetik. »Es wird gut seyn«, folgert er, »um den Dichtern, auch bei uns, eine bürgerliche Existenz zu sichern, wenn man die Poesie, auch bei uns, den Unterschied der Zeiten und Verfassungen abgerechnet, zur mechané der Alten erhebt.« Die moderne Dichtung als *techné*, *poiesis*, etwas nach praktischen Regeln vom Menschen Hergestelltes, als Produkt ästhetischer Imagination betrachtet, verliert so ihren Anspruch, in der symbolischen Ordnung des Weltganzen als Zeugung im Schönen, *tokos en kalo*, zwischen Menschen und Göttern zu vermitteln.

Wenn aber die moderne Literatur ein schicksalloser Raum ist und der Künstler in die Gottferne einer raumzeitlichen Gegenwart gebannt, dann ist Suzettes Tod unbeschreiblich, unaussprechbar geworden. Das Band zwischen Sprache und Sein, zwischen der endgültigen Fassung des Hyperion-Romans und der Frankfurter Zeit, zwischen Suzette und Diotima ist endgültig zerrissen. Das Schicksal der Körper ist Tod, Vergänglichkeit, Schweigen. Unsterblich ist nur Diotima, denn sie hat nie gelebt.

Am Ende bleibt ihm nichts als die trostlose, ungeschönte Wahrheit. Ohne vertraute Freunde und ohne den Geliebten, unglücklich in dem geschäftigen, kalten Frankfurt, einem verständnislosen Gatten und seiner achtlosen Höflichkeit ausgeliefert, war Suzettes letzte Krankheit, die Röteln, für ihren angegriffenen Körper tödlich.

Von Nürtingen nach Murrhardt, zum Elternhaus von Fritz Schelling, war ein Fußweg von etwa 50 Kilometern, den

Neckar flussabwärts bis Plochingen, Schorndorf, durch viele kleine schwäbische Dörfer. Hölderlin kam quer über die Felder; »sein Anblick war für mich erschütternd: er vernachlässigt sein Äußeres bis zum Ekelhaften und hat, da seine Reden wenig auf Verrückung hindeuten, ganz die äußeren Manieren solcher, die in diesem Zustand sind, angenommen«. So beschreibt Schelling seinen Besucher an einem Junitag des Jahres 1803.

Der standesbewusste Bürgermeisterssohn, der immer sorgfältig gekleidete Hölderlin, der in Tübingen ohne Zögern für silberne Schuhschnallen sechzehn Gulden ausgeben konnte, ein kleines Vermögen also, vor dem geringere Bürger auf der Straße den Hut ziehen mussten, der läuft jetzt herum wie die Bettler, hat alle Konvention abgelegt, will Schelling nur fragen, was dieser von dem alten Plan halte, nach Jena zu gehen, wo jetzt Hegel ist, läuft dafür Stunden über die glühenden, staubigen Felder.

»Hierzulande ist keine Hoffnung ihn herzustellen«, berichtet Schelling umgehend an Hegel nach Jena. »Wer sich seiner annehmen wollte, müßte durchaus seinen Hofmeister machen und ihn von Grund aus wieder aufbauen. Hätte man erst über sein Äußeres gesiegt, so wäre er nicht weiter zur Last, da er still und in sich gekehrt ist.«

Seit nunmehr sechs Wochen hatte der württembergische Herzog sein Ziel erreicht. Er war Kurfürst. Hölderlin konnte also eine Menge Gründe haben, niedergeschlagen zu sein und sein verratenes und verkauftes Vaterland verlassen zu wollen, das nach der Geheimkonvention mit Frankreich um 120 000 Einwohner, 2 Abteien und 9 Reichsstädte größer geworden war. Die Feigheit des Geheimen Rats und die Gefügigkeit der Landschaft hatten das Ende jenes Vaterlands besiegelt, das Hölderlin einmal das liebste gewesen war, für das er eine Liebe in Frankfurt verloren hatte.

Der verzweifelte Versuch, durch Rationalisierung ins innere Gleichgewicht zurückzufinden, ist ein Jahr später, in einem Brief vom 12. März 1804 an Leo von Seckendorf, noch einmal überdeutlich ausgesprochen. Neben der poetischen Betrachtung der Geschichte mit ihren Schicksalen und Helden interessiere ihn nun vor allem »die Architektonik des Himmels«, schreibt er. »Es kommt wohl sehr auf den Winkel innerhalb des Kunstwerks und auf das Quadrat außerhalb desselben an.«

Den Himmel will er jetzt vermessen, den er verloren hat, das richtige Verhältnis von Erde und Himmel im »gesezlichen Kalkül« erfassen. Es ist die Demutshaltung eines Menschen, der sich einmal über die Symmetriesucht der Deutschen ereifern und ihnen zornig sein Griechentum als Ideal schöner Menschlichkeit, seinen Traum von Liebe als Erlösungsmysterium entgegenhalten konnte und der nun aufgehört hat, mit dem Schicksal zu kämpfen. »Oh spottet, wenn ich hin bin, spottet und sagt: er starb, weil ihm ein Traum sich nicht erfüllte.«* Er hat zu träumen aufgehört und ist sich selbst gestorben.

... Bald aber wird, wie ein Hund, umgehn
In der Hizze meine Stimme auf den Gassen der Gärten
In denen wohnen Menschen
In Frankreich
(Das Nächste Beste)

18 Die Fabel, poetische Ansicht der Geschichte,
und Architektonik des Himmels beschäfftiget mich
gegenwärtig vorzüglich …

Zwischen Himmel und Erde ist nichts als kalte Symmetrie. »In der äußersten Grenze des Leidens bestehet nemlich nichts mehr als die Bedingungen der Zeit oder des Raumes.«

Er hat nun keine Liebe mehr und kein Vaterland. Die Bundesfreunde sind verstreut oder haben die Ideen ihrer Jugend aufgegeben.

> und hin
> Die Zeiten
> Pythagoras

> Im Gedächtnis aber lebet Philoktetes,

Ein Verstoßener ist er, ein Fremder im eigenen Land wie Hyperion unter seinen Griechen; »wir sind, wie der Hund des Ulyß, verachtet, von Schlechten hinausgeworfen, aufs Stroh, und liegen und kränkeln und hoffen bessere Tage«.* Die deutschen Gegenden zwischen Alpen und Neckar erscheinen in geometrischer Anordnung, »dort aber rauschen, über spitzem Winkel, die Bäume«. Die Welt, die ihm vor Augen liegt, ergibt keinen Sinn mehr. Sie bleibt unfasslich, unaussprechlich. Das Ideale, das Mögliche ist aus ihr verschwunden. Sie bedeutet nichts. Sie entzieht sich seiner Sprache, von der er einmal geschrieben hatte, dass sie ein Übergang, »Werden des Moments und Anfang von Zeit und Welt« ist.

> Ein Zeichen sind wir, deutungslos
> Schmerzlos sind wir und haben fast
> Die Sprache in der Fremde verloren.
> *(Mnemosyne)*

Die letzten Gedichtentwürfe des sogenannten *Homburger Foliohefts*, *Das Nächste Beste*, *Mnemosyne*, *Germanien*, *Andenken* tragen die Spuren solcher Zerschlagung der Sprachform. Nicht in ihm, aber in der Welt war ein zerrütteter Geist. Diese späten Fragmente sind symbolistische Bruchstücke überscharfer sinnlicher Wahrnehmungen, aus einem Bild herausgebrochen, das sich nicht mehr zusammenfügt in der »intellectualen Anschauung«. Für den langen Rest seines Lebens unterwirft sich Hölderlin einem Schweigegebot. Es ist vielleicht ein letzter Akt der Treue zu Suzette Gontard. Er lebt mit ihr fortan das Leben der Toten. »Denn Tod ist Leben. Und Leben ist auch ein Tod.«

Frühjahr 1804. Die radikalen Demokraten zwingen noch einmal den Kurfürsten zur Einberufung eines Landtags. Was die Bestechungsgelder der Landschaft nicht vermochten, vermag dieses Mal die Liebe. Es ist, auf lange Sicht, ihr letzter Sieg:

Im Alter von neunzehn Jahren hatte sich Friedrichs II. ältester Sohn Wilhelm Ende 1799 in Therese Abel verliebt, ausgerechnet die Tochter des landschaftlichen Gesandten in Paris. Das Verhältnis wurde entdeckt, das Paar flieht im Frühsommer 1802, auf dem Umweg über Wien, in die französische Hauptstadt. Napoleon nutzt die Gunst der Stunde und nimmt den Prinzen unter seinen persönlichen Schutz.

Wie vorher der junge Erbprinz Friedrich gegen die Politik seines Vaters und gegen die Stände mit dem Kaiser, so paktiert nun Kurprinz Wilhelm m i t den württembergischen Ständen, die – als Gegenleistung – sich für Unterhaltszahlungen an den flüchtigen Prinzen einsetzen wollen.

Überraschend beruft der Kurfürst den Landtag für den

19. März 1804 nach Stuttgart. Offiziell geht es wieder um die Regelung der Kriegslastenverteilung; hinter dem Rücken des Kurfürsten aber hat sich ein mächtiger Gegenwind erhoben. Das Bündnis der ständischen »Patriotenpartei« mit dem verliebten Kurprinzen steuert noch einmal auf eine handfeste politische Krise zu.

Am 28. März 1804 begleicht Frau Gock heimlich eine Rechnung ihres Sohnes bei einem Frankfurter Buchhändler. Auf der Ostermesse in Frankfurt sind erschienen: *Die Tragödien des Sophokles*, in der Übersetzung von F. Hölderlin. *Antigone* und *Ödipus der Tyrann*. Der Verleger Wilmans steht mit 222 Gulden bei seinem Autor in der Kreide. Unter den Empfängern der Freiexemplare nennt Hölderlin auch Wilhelm Heinse. Er wusste wohl nicht, dass Heinse ein Jahr zuvor gestorben war, am selben Tag wie Suzette Gontard, dem 22. Juni 1803.

Im Dezember 1803 hatte Hölderlin angekündigt: »Ich bin eben an der Durchsicht einiger Nachtgesänge für Ihren Allmanach ... Es ist eine Freude, sich dem Leser zu opfern, und sich mit ihm in die engen Schranken unserer noch kinderähnlichen Kultur zu begeben. Übrigens sind Liebeslieder immer müder Flug, denn so weit sind wir noch immer«. Es sei keine Kunst, will er sagen, Liebeslieder zu schreiben, »ein anders ist das hohe und reine Frohloken vaterländischer Gesänge.« Darin ist er sich gleich geblieben. Aber

... izt sind
Die Helden todt, die Inseln der Liebe sind

Entstellt fast. So muß übervortheilt,
albern doch überall seyn die Liebe.

(Thränen)

Die *Nachtgesänge* – Liebesgedichte eines Trauernden – erscheinen erst in Wilmans *Taschenbuch auf das Jahr 1805*. Die
Kritiker übertreffen einander im höhnischen Gelächter. »Für
den seltenen Sterblichen, der die neun Gedichte von Hölderlin zu verstehen sich mit Recht rühmen kann, sollte ein
stattlicher Preis ausgesetzt werden, und wir würden selbst
den Verfasser nicht von der Mitbewerbung ausschließen.
Nichts erregt mehr Unwillen, als Nonsens mit Prätension
gepaart.«

Der Ruf eines Kranken eilt den Gedichten voraus. Die
einen schlagen ihn der Romantik zu, die andern hören nur
den »alten Styl« im »Nachklang aus Latium und Hellas«.
Keiner erkennt den Vorklang der Moderne in einer von allen Regeln der »Schicklichkeit« entbundenen Sprache.

Ebenso übel ergeht es Hölderlin mit den Sophokles-Übersetzungen. Schelling bemerkt am 14. Juli 1804, dem Jahrestag der großen Revolution, Hölderlin sei »zwar in besserem
Zustand« als voriges Jahr, »doch noch immer in merklicher
Zerrüttung. Seinen verkommenen geistigen Zustand drückt
die Übersetzung des Sophocles ganz aus«. Nicht Griechenland, sondern Germanien und das Volkstümlich-Nationelle sind jetzt *à la mode*. Clemens Brentano und Achim von
Arnim sammeln deutsche Volkslieder, die unter dem Titel
Des Knaben Wunderhorn erscheinen sollen, auch Goethe gibt
sich volkstümlich. Nur Hölderlin sitzt noch immer über seinen Griechen. Wenn das nicht verrückt ist, weltfremd ist es
jedenfalls.

Die Übersetzungen werden ein katastrophaler Misserfolg. Am schlimmsten kommt Hölderlin in Kotzebues Zeitschrift *Der Freimüthige* weg; ein »heischeres, widerliches Krähen« nennt man seine Sprache.

Im Juni 1804, Hölderlins Abreise steht kurz bevor, wird Johanna Gock ungeduldig. Ihr lieber Sohn schließe nichts ein, lasse all seine Habe achtlos herumliegen, könne überhaupt nicht rechnen. Daher teilt sie Sinclair mit, wie viel Geld sie ihm mitgeben werde und wohin er es stecken solle, und erinnerte sich der Leser ihrer Briefe nicht zuweilen, dass der Gegenstand ihrer mütterlichen Fürsorge ein vierunddreißigjähriger Mann ist, der eben eine Übersetzung aus dem Griechischen fertiggestellt hat, wie sie ihresgleichen in deutscher Sprache nicht hat, dann muss er zwangsläufig denken, dass diese Frau, so sie nicht hartherzig war, jedenfalls von großer Beschränktheit gewesen sein muss.

Seine Auflehnung gegen ihre Fürsorge scheint ihr widernatürlich, sie kennt ihn so nicht. Dieser düstere, aufbrausende Mensch, das ist nicht mehr ihr lieber Fritz, der Träumer im Grasgarten am Neckar.

Nachdem am 13. Juni 1804 Isaac von Sinclair selbst in Nürtingen aufgetaucht ist, willigt sie ein, Hölderlin jährlich 150 Gulden aus den Zinsen seines väterlichen Erbes auszuzahlen. Sein Koffer mit Wäsche, Büchern und Kleidern soll ihm nachgeschickt werden, sie ist aber überzeugt, er werde bald in Unehren zu ihr zurückkommen.

Ein erbitterter Kleinkrieg entzündet sich bis in den Oktober hinein um den Koffer, der wegen der Bücher schwer ist und weil Johanna Gock die Transportkosten für unnötig hoch hält. Sie wendet sich noch an Christian Landauer um

Beistand, aber auch der meint, es sei das Beste so. Sie schreibt sogar an Professor Niethammer in Jena und hält sich schließlich, nachdem Hölderlin im September noch einmal höflich die Übersendung des Koffers angemahnt hat, an Sinclairs Mutter und beschwört auch diese, dass sie ihren Sohn doch für zu schwach halten müsse, »seine Bedürfnisse zu berechnen«.

Wilmans bezahlt am 27. Mai 1804 für die zwei Bände des Sophokles 222 Gulden, 45 Kreuzer, das sind pro Bogen (16 Seiten) anderthalb Carolin. Drei Wochen später ist Hölderlin in Homburg. Er wohnt, wie er wünschte, bei dem Uhrmacher Calame in der Dorotheenstraße. Aus seinem Fenster sieht er die Türme von Frankfurt, dazwischen liegen Wiesen und einzelne Baumgruppen.

Der Mutter schreibt er nicht mehr, sieben Jahre kein Wort.

FRANKFURTER LOSE

Seit den Tagen des 2. Koalitionskrieges hatte Isaac von Sinclair unaufhaltsam Karriere gemacht. Am 17. August 1802 war er Wirklicher Geheimer Regierungsrat und am 2. September 1805 Wirklicher Geheimrat mit 850 Gulden Gehalt geworden. Er war der mächtigste Mann im Kleinstaat Hessen-Homburg, Regierungspräsident mit Sitz und Stimme im Konsistorium und Vorsitzender im Oberappellationsgericht.

Sinclairs politische Phantasie kreiste seit Jahren um die Idee eines konföderativen deutschen Fürstenbunds. Ebenso lange brütete er schon über dem Plan »eines großen deutschen Finanzetablissements mit unabhängiger Centraldirektion« in Homburg, das – nach dem Vorbild der sogenannten Bethmännischen Kriegsobligationen – im europäischen Staatsanleihengeschäft operieren sollte. Aus naheliegenden Gründen: Homburg konnte seine Kriegsschulden nicht zahlen und hatte bei holländischen Bankhäusern Schulden in Höhe von 250 000 Gulden in Partialobligationen, es war praktisch bankrott. Zunächst sollte eine Filiale des Pariser Bankhauses Recamier in Homburg installiert und diese mit der Königlich Preußischen Fürther Bank verbunden werden zu einer Kreditanstalt, die »die Schulden aller deutschen Fürsten und zu ihrer Tilgung den größten Teil der Domänen in Deutschland übernehmen sollte« (Kirchner).

Zu diesem Zweck wollte Sinclair eine holländische oder Klassenlotterie gründen, die den Kapitalstock für sein Finanzcomité erwirtschaften sollte. Als juristischen Berater hatte Sinclair den siebenundzwanzigjährigen Frankfurter

Rechtsanwalt Euler eingeschaltet, vormals Syndikus im Bankhaus Gebrüder Bethmann, der sich einer undurchsichtigen Ehegeschichte wegen seit kurzem in Homburg aufhielt und es bereits zum Kabinettsrat und Regierungsmitglied gebracht hatte. Dieser Dr. Euler hatte sich erboten, einen Finanzexperten aus Frankfurt herbeizuholen, der sich in dem komplizierten Lotterierecht auskannte. Dieser Mann war bald gefunden.

Am 11. Juni morgens lief durch Stuttgart das Gerücht von einem bevorstehenden Staatsstreich des Kurfürsten, falls die Unterhaltszahlungen an den verliebten Kurprinzen bewilligt würden. Einige Vertraute des Prinzen sind in der Nacht verhaftet, landschaftliche Akten beschlagnahmt worden. Christian Friedrich Baz, Mitglied des engeren Ausschusses und Führer der ständischen Opposition, ist in heller Wut, als Sinclair – auf dem Weg nach Nürtingen – in Stuttgart eintrifft und ihn noch am selben Abend aufsucht.

Am 13. Juni kommt auch Hölderlin nach Stuttgart. Im Hotel »Römischer Kaiser« findet er neben Sinclair einen gutaussehenden jungen Mann vor, der breiten Frankfurter Dialekt spricht und ihm als Alexander Blankenstein vorgestellt wird, landgräflicher Hofkommissar zu Homburg und Lotteriekommissionär. Seit März war Blankenstein auf Reisen durch die deutschen Fürstentümer, um Kapitalgeber für seine Lotterie zu akquirieren, und kam eben aus München. Sinclair ist augenscheinlich von ihm entzückt, nennt ihn »liebster Freund«.

Hölderlin hat keine Ahnung, dass dieser redegewandte, gut informierte Mann Anfang zwanzig erst fünf Monate zuvor aus dem Frankfurter Stadtgefängnis entlassen worden

war, nur dass er seit Anfang Februar als konvertierter Jude in Homburg lebt.

An diesem Abend treffen sich Sinclair, Blankenstein und Hölderlin zum Abendessen bei Baz. Als vierter in der Runde kommt Hölderlins Stuttgarter Freund, Regierungsrat (und Dichter) Leo von Seckendorf hinzu. Was gesprochen wurde, findet sich später wörtlich in einem Protokoll.

Am nächsten Morgen fahren Hölderlin und Sinclair zurück nach Nürtingen. Sinclair erklärt der erregten Frau Gock, dass er Hölderlin in den nächsten Tagen mitnehmen werde und kehrt nach Stuttgart zurück. Hölderlin packt seine Habe ein. Am 19. Juni sind Sinclair und Hölderlin wieder in Stuttgart. An diesem Tag bestätigt der Landtag die Unterhaltszahlungen an den flüchtigen Kurprinzen in Paris.

Am 21. Juni wird dem Kurfürsten die Entscheidung der Landschaft hinterbracht. Friedrich II. löst den Landtag mit Polizeigewalt auf. Auf der Poststraße reisen Hölderlin, Sinclair und Blankenstein am frühen Morgen des 22. Juni von Stuttgart ab. Später wird Blankenstein sich gut an diese Reise erinnern: »Kurz vor der Abreise von Stuttgart hatte Sinclair einen gewissen Hölderlin aus Nürtingen abgeholt, und in beyder Gesellschaft reißte ich nach Homburg. Auf dieser Reise hatte ich Gelegenheit zu bemerken, daß Hölderlin um Sinclairs Plane wußte.«

Was Hölderlin nicht wissen konnte – er war damals auf dem Weg nach Bordeaux: Im Januar 1802 war Alexander Blankenstein, damals noch unter dem Namen Wetzlar, in Frankfurt schon einmal verhaftet worden. Der Frankfurter Bankier Baruch beschuldigte ihn, in Amsterdam einen ungedeckten Wechsel auf 30 000 Gulden auf Lotterielose aus-

gestellt zu haben. Bald darauf meldete sich der Amsterdamer Bankier Lehman Salomon Haas mit derselben Klage. Um seine Gläubiger zufriedenzustellen, kaufte Blankenstein alias Wetzlar bei dem Bankhaus Heuser und Lenz zu Frankfurt zehn kurtrierische Obligationen zu je 1000 Gulden, »vergaß« aber in der Eile, sie zu bezahlen. Er wurde gestellt und saß ab 21. Januar 1804 in Haft. Sein Rechtsanwalt, es war derselbe Dr. Euler, führte umgehend mit drastischen Worten Beschwerde beim Reichskammergericht in Wetzlar und setzte einen Vergleich mit den Gläubigern durch. Blankenstein wurde auf die eidesstattliche Erklärung hin entlassen, die Reichsstadt nicht zu verlassen. Sieben Tage später war er, zusammen mit Euler, in Homburg.

Am 6. August meldet Sinclair der Mutter Gock aus Homburg, Hölderlin sei »vollkommen wohl u. zufrieden«, nicht nur er, auch einige andere Personen, »die seine Bekanntschaft gemacht haben, sind überzeugt, daß das was Gemüths Verwirrung bei ihm scheint, nichts weniger, als das, sondern eine aus wohl überdachten Gründen angenommene Äußerungs Art ist«. – Am 17. September reist Sinclair nach Mainz, wo Napoleon die deutschen Fürsten zur Audienz empfängt. Blankenstein ist nun schon Hofrat und zeichnet als vierter Direktor die Lose der von ihm ins Leben gerufenen homburgischen Staatslotterie. Sein Konzept war eine genaue Kopie der Frankfurter Lotterie; weitere Konzessionen sollten in Braunschweig und Hamburg erworben werden. Als Kollekteur hat er sich eine Gewinnbeteiligung von 30 % statt der üblichen 15 % zusichern lassen. Im September 1804 ist die Ziehung in der ersten Gewinnklasse. Sämtliche Gewinne fallen auf nicht verkaufte Lose.

Am 2. Dezember ist Sinclair in Paris unter den Zuschauern der Krönungsfeier Napoleon Bonapartes zum Kaiser von Frankreich. Daneben führt er Gespräche mit dem Bankhaus Recamier und Außenminister Talleyrand. In Homburg findet die Ziehung in der nächsthöheren Gewinnklasse statt. Wieder gab es keine Gewinner, ausgenommen einen, Blankenstein, der großzügig den Gewinn, 1500 Gulden, als Einsatz wieder einzahlt. Nun sollte im Januar die dritte Ziehung folgen. Auf das große Los hätten 15000 bzw. 25000 Gulden ausbezahlt werden müssen. In seiner und Eulers gemeinsamer Wohnung stand die Druckerpresse, auf der die Lose und neuerdings eine Zeitschrift unter dem Titel »Tiresias oder Germanische Annalen« hergestellt wurden, herausgegeben von einem inzwischen ebenfalls dem ominösen Bund beigetretenen Gießener Tierarzt namens Pilger.

Am 4. Januar 1805 ist Sinclair zurück in Homburg. Inzwischen war eine merkwürdige Sinnesänderung in ihm vorgegangen. In aller Eile verfasst er, nachdem er von Blankenstein und Euler den prekären Stand der Bilanzen erfahren hatte, ein Gutachten für den Landgrafen, in dem er das ganze Lotterieunternehmen als eines Fürsten unwürdig darstellt und diesem empfiehlt, es sofort einzustellen. Aber die nächste Ziehung war schon öffentlich angekündigt. Um Aufsehen zu vermeiden, lässt man also noch einmal ziehen. Auch diese letzte Ziehung brachte für keines der überwiegend in Frankfurt untergebrachten Lose Gewinn, und die Lotteriebetreiber kamen mit einem Gewinn von 174 Gulden aus der Sache heraus. Abermals sollte am 4. Februar gespielt werden.

Am 15. Januar geht in Blankensteins Wohnung ein Amts-

schreiben der homburgischen Regierung ein mit der Auf-
forderung, die Lotterie-Einnahmen offenzulegen. Euler pro-
testiert vor dem höchsten Reichsgericht in Wetzlar und führt
dabei höchst beleidigende Klage gegen den Landgrafen und
Herrn von Sinclair. Landgraf Friedrich Ludwig lässt daraufhin am 28. Januar die Lotteriesiegel und die Druckpresse
beschlagnahmen und die Herren des Landes verweisen.

Am Abend des 29. Januar 1805 werden in Homburg in
fliegender Hast drei Briefe aufgesetzt, der eine ist von Blankenstein, geht an den württembergischen Kurfürsten und
klagt Sinclair der kriminellen Verschwörung mit den Häup-
tern der reformständischen Opposition in Stuttgart an, durch
die der Kurfürst und sein Innenminister Graf von Wintzingerode aus dem Wege geräumt und Verbindung zu Kron-
prinz Wilhelm aufgenommen werden sollten; die anderen
beiden schreibt Sinclair an Leo von Seckendorff und an den
nach Wien geflohenen Führer der ständischen Opposition
Baz. Er warnt sie vor dem Verräter Blankenstein.

Die Denunziation schlug in Stuttgart ein wie ein Erdbeben.
Blankenstein behauptete, Sinclair habe bereits »in Rastadt
einen Plan zur Revolution Schwabens gemacht« und im Juni
1804 mit den ständischen Führern in Stuttgart unter dem
Vorwand einer Lotterie konspiriert. In einem zweiten Brief
vom 7. Februar liefert er Details nach: von Ermordung des
Kurfürsten und seines Ministers, Inthronisierung des Erb-
prinzen, Rettung der Stände ist da bereits die Rede. Von dem
Mordplan sei ebenfalls ein gewisser Hölderlin aus Nürtingen unterrichtet, der aber unterdessen »in eine Art Wahnsinn verfallen« sei, beständig »auf Sinclair und die Jakobiner« schimpfe und schreie, dass er kein Jakobiner mehr sein

wolle. In späteren Verhören gab Blankenstein an, er habe Hölderlin schon in Stuttgart »gleich für zerrüttet in seinem Gemühtszustande angenommen«.

Wintzingerode wartete den zweiten Brief gar nicht erst ab. Am 27. Februar um zwei Uhr morgens wird Sinclair in seinem Haus verhaftet, fünf Soldaten mit angelegtem Seitengewehr und ein Beauftragter des württembergischen Kurfürsten beschlagnahmen Papiere und Briefe, darunter sieben von Hölderlin, die danach spurlos verschwinden. Am nächsten Tag wird Sinclair nach Stuttgart gebracht. Baz wird in Wien verhaftet, Seckendorff in Stuttgart. Bereits 1799 war am Stuttgarter Hof der Plan aufgekommen, ein »gekauftes Subject«, einen *agent provocateur*, in die jakobinischen Kreise einzuschleusen. Sie hatten ihn gefunden, und er hatte ganze Arbeit geleistet.

Landgraf Friedrich Ludwig logiert derzeit im Roten Haus zu Frankfurt. Sofort weiß ganz Frankfurt von der Homburger Affäre. Nach schwerem Zögern erteilt er Order zur Auslieferung Sinclairs an Württemberg – zu schwer ist der Vorwurf des geplanten Fürstenmords – und gibt in seinem Hotelzimmer zu Protokoll, der beschuldigte Hölderlin solle möglichst in Ruhe gelassen werden, weil er in einen höchst traurigen Gemütszustand verfallen sei.

Diese Aussage deckt sich mit den später bei Sinclair gefundenen Briefen der Mutter Hölderlins. Niemand hatte also Anlass, diese nun einmal in die Welt gesetzte, mit der Seltsamkeit seines Benehmens und seinem verwilderten Äußeren zusammenstimmende Rede von dem wahnsinnig gewordenen Hölderlin zu dementieren.

Mit einem schäbigen Gaunerstück auf der Hinterbühne der Geschichte endet die Tragödie einer großen Liebe. Wenn der alte Tübinger »Bund der Geister« zum Commercium verkommen, die Republik Frankreich wieder Monarchie und der Friedensbringer von Campo Formio Kaiser war, hatte Hölderlin wohl allen Grund, »auf Sinclair und die Jakobiner« zu schimpfen und noch mehr, keiner mehr sein zu wollen. Er tobt, er ist wie von Sinnen. Was würde man in Frankfurt von Gontards ehemaligem Hofmeister reden, der sich mit dem Egoismus der Frankfurter Gesellschaftsmenschen nicht »verunreinigen« wollte, der sein Göttliches, seinen höheren Menschen wie einen Adelsbrief vor sich hergetragen hatte, wenn man erführe, dass derselbe Hölderlin sich mit Terroristen und kriminellen Betrügern eingelassen hatte.

Noch einmal, in Gestalt der Herren Euler und Blankenstein, war dem Dichter die Stadt zum Verhängnis geworden, in der ihm ein Traum fehlgeschlagen war.

Frankfurt aber, neues zu sagen, nach der Gestalt, die
Abdruk ist der Natur
Des Menschen nemlich, ist der Nabel
Dieser Erde. Diese Zeit auch
Ist Zeit, und deutschen Schmelzes.
Ein wilder Hügel aber stehet über dem Abhang
Meiner Gärten …

(Das Nächste Beste)

In Homburg, Nürtingen und Stuttgart werden über seinen Gemütszustand Auskünfte geholt. Am 9. April bescheinigt ein Homburger Arzt, dass Hölderlins »Wahnsinn in Raserey übergegangen ist, und daß man sein Reden, das halb deutsch, halb griechisch und halb Lateinisch zu lauten scheinet, schlechterdings nicht mehr versteht«. Der Arzt, der Bürgermeister und der Dekan von Nürtingen halten die Poesie für die eigentliche Ursache der Zerrüttung, ja für die Krankheit selber, die Übrigen bestätigen seinen »widernatürlichen Zustand« als Folge seines allzu eifrigen »Lieblingsstudiums«. Die Nachforschungen werden daraufhin eingestellt. Vor allem dienen die Briefe der Mutter an Sinclair während des Prozesses als Hauptentlastungsmaterial gegen den schwerwiegenden Verdacht, Hölderlin habe in landesverräterischer Absicht Sinclair in die inneren Angelegenheiten Württembergs hineingezogen. So erwies sie ihm einen größeren Dienst, als sie ahnen konnte. Hätte man gründlicher geforscht, dann wären zweifellos die rätselhaften Signaturen seiner Reisen nach Mainz, Heilbronn, Nürnberg und Worms, durch die Schweiz und bis tief nach Frankreich, die Aufenthalte in Rastatt, Regensburg und Straßburg, die Liste seiner Freunde früher oder später entziffert worden als bedenkliche Übereinstimmungen mit der politischen Landkarte der süddeutschen Freiheitsbewegung, über die jetzt zu Gericht gesessen wurde. Doch was sollte der »zerrüttete Geist« eines schwäbischen Theologen in einem Prozess, den der Kurfürst gegen »das geistige Württemberg« (Kirchner) führte. Er brauchte Gegner, die er vernichten konnte, die ganze verhasste Partei der Aufklärer, Demokraten und Reformer.

Sinclair und die übrigen Beschuldigten saßen derweil auf Schloß Solitude und auf der Festung Hohenasperg in Haft. Der Kurfürst holte zum letzten Schlag gegen die Landschaft aus. Zu allem Übel hatte man auch noch den jüngeren Kurprinzen Paul erwischt, wie er mit einer Schauspielerin des Stuttgarter Theaters, die ein Kind von ihm erwartete, seine Flucht nach Paris vorbereitete – mit Hilfe Leo von Seckendorfs. In dem Hochverratsprozess, der – gegen den öffentlichen Protest der Ständevertretung – am 27. Februar 1805 in Ludwigsburg begann, wurden Verhöre sämtlicher namentlich bekannter Reformdemokraten des Landes angestellt, Aussagen verglichen, Gutachten erstellt, bis Anfang Mai. Auch der Kaufmann Christian Landauer wurde ohne Erfolg verhört.

Erst am 10. Juli ist Sinclair wieder in Homburg, freigesprochen mangels Beweisen, nachdem sich der Gesandte Woltmann aus Berlin für ihn verbürgt hatte. Im Oktober wird er offiziell von allen Vorwürfen freigesprochen. Seckendorf wurde im Oktober, Baz erst im November entlassen.

Der Verräter Blankenstein residiert bis Ende Dezember in komfortabler Haft auf Kosten seiner Frankfurter Gläubiger, des Bankhauses Heuer und Lenz, im Stuttgarter Gasthof Zum Großfürsten und taucht danach, mit Pässen und Empfehlungen von Wintzingerode versehen, für einige Zeit in England unter.

Am 13. September 1805 verlässt Sinclair Homburg und wohnt in Berlin, zusammen mit seiner Mutter, für ein Jahr bei Charlotte von Kalb in der Kommandantenstraße. Er schreibt die Dramentrilogie »Der Cevennenkrieg«. Dem Dichter, der er gern gewesen wäre, bleibt die Beachtung verwehrt. Die Nachwelt konnte darum bis heute nicht bemerken, dass Sinclair in seinem dramatischen Hauptwerk dem unglücklichen Hölderlin ein Denkmal setzte in der Figur des sanften Rebellen Roland, der seinen Idealen treu bleibt bis in den Tod.

Im Oktober 1805 hat Napoleon Bonaparte, Kaiser von Frankreich, den württembergischen Kurfürsten überredet, sich mit seinen beiden Söhnen zu vertragen und an der Seite Frankreichs gegen die Österreicher in den Krieg zu ziehen. Kaum drei Wochen später waren die Österreicher in Ulm geschlagen, die Häftlinge auf dem Hohenasperg wurden freigelassen. Noch im selben Jahr, nach der Schlacht von Austerlitz, setzt Kaiser Napoleon dem »Despoten« von Stuttgart sozusagen persönlich die Königskrone aufs Haupt.

Das Heilige Römische Reich erklärt sich, auf dem Reichstag zu Regensburg, mit der Gründung des Rheinbundes offiziell für aufgelöst. Kaiser Franz II. dankt am 6. August 1806 ab.

Mit Datum vom 3. August 1806 erhält Hölderlins Mutter von Herrn von Sinclair folgenden Brief:

»Hochzuverehrende Frau Kammer Räthinn!

Die Veränderungen, die sich leider! Mit den Verhältnissen des Herrn Landgrafen zugetragen haben, die Ihnen auch schon bekannt sein werden nöthigen den Herrn Landgrafen zu Einschränkungen und werden auch meine hiesige Anwesenheit wenigstens zum Theil aufheben. Es ist daher nicht mehr möglich, daß mein unglücklicher Freund, dessen Wahnsinn eine sehr hohe Stufe erreicht hat, länger eine Besoldung beziehe und hier in Homburg bleibe, und ich bin beauftragt Sie zu ersuchen, ihn dahier abholen zu lassen. Seine Irrungen haben den Pöbel dahier so sehr gegen ihn aufgebracht, daß bei meiner Abwesenheit die ärgsten Mishandlungen seiner Person zu befürchten stünden, und daß seine längere Freiheit selbst dem Publikum gefährlich werden könnte, und, da keine solchen Anstalten im hiesigen

Lande sind, es die öffentliche Vorsorge erfordert, ihn von hier zu entfernen.«

Das war eine amtliche Mitteilung.

Am 9. September 1806 verliert die Stadt Frankfurt am Main ihren Status einer freien Reichsstadt und wird französisches Protektorat. Friedrich Ludwig von Hessen-Homburg war auch kein Landgraf mehr und konnte als Privatmann endlich seinen literarischen Neigungen leben.

Am 11. September hört Hessen-Homburg auf, ein selbständiger Staat zu sein und feiert erst 1815, auf dem Wiener Kongress, noch einmal wundersame Auferstehung.

An diesem Tag wird Hölderlin abgeholt. Sinclair ist in Frankfurt zu Gast im Hause Brentano. Mit Gewalt wird er, wie Augenzeugen berichteten, in eine Kutsche gesetzt, er wehrt sich verzweifelt, und in eine Tübinger Klinik gebracht. Justinus Kerner, der jüngere Bruder Georg Kerners, kümmert sich um ihn. Nach einem knappen Jahr nimmt ihn der Tübinger Schreinermeister Zimmer in Kost und Logis. Die Behauptung, Hölderlin sei ohne Sinclairs Schutz in Homburg gefährdet gewesen, ist falsch. Eher war das Gegenteil der Fall.

Mehrere Schriften von Hölderlin waren noch in Sinclairs Besitz. Er wird der Verkündiger – und zuweilen der Plünderer seiner Werke. Von einer »erschütternden Trennung der Freunde«, wie Kirchner schrieb, konnte kaum die Rede sein. Hölderlin war keines Menschen Freund mehr.

Eulers Homburger Mission war damit erfüllt, das Homburger Konkurrenzunternehmen aus dem Wege geräumt. Er nahm seine Tätigkeit als Rechtsanwalt für das Bankhaus Bethmann nach angemessener Pause wieder auf, wurde nach dem Tod Simon Moritz Bethmanns der Mitvormund von dessen Witwe und starb bejahrt und hochgeehrt in Frankfurt. Simon Moritz Bethmann ließ 1812 in seinem Haus vor dem Friedberger Tor ein griechisches Antikenmuseum errichten, wo vorher der Tempel der Freundschaft stand. Am 15. September heiratete Jakob Gontard die Witwe Jordis, eine geborene Freifrau Firnhaber von Eberstein. Suzettes Bruder Henry verließ 1802 seine Frau Eugenie Rodde und zeugte mit seiner Geliebten drei uneheliche Kinder. Georg Kerner hat sich als Armenarzt in Hamburg niedergelassen und predigt von Dächern und Wirtshaustischen weiter das Evangelium der Freiheit und Gleichheit. Landolin Ohmacht hat seine Werkstatt am Fuß der Straßburger Kathedrale und versieht den Dachfries des Stadttheaters mit sechs Sandsteinfiguren, die in antikem Gewand die sechs Musen darstellen. Jakob Gontard ließ als Erzieherin seiner drei Töchter Mademoiselle Jenny d'Huc aus Lyon kommen und heiratete 1815 zum dritten Mal.

Henry ist in Hanau auf dem französischen Gymnasium. Nächstes Jahr geht er in die Schweiz, um sich zum Kaufmann ausbilden zu lassen. Bettine von Brentano liebt diesen langsamen, verträumten Jungen. »Er ist nicht geistreich, nicht ausgezeichnet, nicht schön, aber seine Natur wendet sich so zum Guten hin und zieht alles, was ihn erkennet, so mit, daß man werden muss wie er. Hier kennt ihn niemand wie ich, das heißt innerlich und ich halte es ganz geheim, er wird für dumm und gut gehalten.«

Blankenstein genoss seinen Sieg über die philosophische Vernunft. In einem letzten Brief an den Landgrafen erwiderte er auf den Vorwurf, er habe in unverantwortlicher Weise ohne Geldfonds die Lotterie gegründet: »Wenn auch Herr von Sinclair ohne fond oder Grund sich in eine Ideenwelt zu schwingen vermag oder durch künstliche Sophismen sich selbst täuscht, so sollte er doch wissen, daß Trefflose nicht mit Kants Kritik der reinen Vernunft oder dem geschlossenen Handelsstaat von Fichte eingelöst werden können.«

Und während der Dichter Hölderlin still in die Vergessenheit sinkt, trägt Sinclair Hölderlins Worte noch einige Male über die Berge des Taunus nach Frankfurt, bis sie immer leichter werden und sich im Gehen um sich selber drehen und ganz närrisch werden von diesem Rückwärtsgehen und Herumgetragenwerden, und Bettine Brentano schreibt sie auf für ihre Freundin, die Dichterin Karoline Günderode, die auch so eine unmögliche Liebe hat in Heidelberg und sich noch im selben Sommer ein Messer zweimal ins Herz sticht. Dass alles Wahre prophetisch sei, schreibt die Bettine, dass das Göttliche durch den Menschengeist sich einen Leib bilde und dieser Leib sei die Poesie, die Ideengestalt nämlich, und dieser, wenn er ergriffen sei vom Tragischen, werde tödlich factisch und morde.

EXODOS

1

Frankfurt im Sommer des Jahres 1808.

Besitzer des Weißen Hirsch war nun Jacob Gontard, der älteste Sohn von Onkel Heinrich. Jakob Friedrich Gontard wohnte, wenn er nicht in Paris war, mit den Kindern in dem Haus an der Windmühle. Henry war jetzt einundzwanzig, Maly fast siebzehn, Helene achtzehn, Henriette neunzehn Jahre alt.

In dem großen Garten, den Suzette angelegt hatte, unter Diotimas Bäumen, wurden alljährlich zur Feier von Jakob Gontards Geburtstag szenische Spiele aufgeführt, bei denen sich alle Familienmitglieder verkleiden mussten. Dieses Jahr wünschte Jakobs Onkel Alexander Gontard zu seinem Geburtstag am siebzehnten August auch so ein Fest, die Mitglieder der Familie Gontard sollten dabei den Olymp darstellen.

Aus Holz ließ man von Handwerkern ein halbrundes Gerüst mit verschiedenen Stufen bauen. Die Hauptgötter und Göttinnen sollten ganz oben stehen, Hebe und Ganymed, die Götter der Fruchtbarkeit und der Trunkenheit, mit dem Göttervater Jupiter. Ein griechischer Tempel wurde auf eine große Leinwand gemalt, der ganze Garten war von Fackeln und Laternen taghell erleuchtet. Jacob, der Soldat, figurierte als Jupiter, ein gewisses Fräulein Stricker als Hebe, den Ganymed gab Marianne Lessing, die Juno Cäcilie Gontard, die drei Jahre später Henry Gontard heiraten wird, Suzettes Tochter Henriette war Flora, ihre schöne Schwester Helene

Diana, die Ceres Cäcilie de Neufville, Minerva war Jakobs Nichte Maria Gontard. Herr Kaufmann Thurneysen war Apoll, den geflügelten Gott des Handels und des Geldes, den göttlichen Rinderdieb Merkur stellte der Gontard'sche Prokurist Herr Lang dar. Auf dem Höhepunkt des Festes wurden Kanonen abgebrannt und Feuerwerke entzündet. Aufgeschreckt von dem Lärm, bliesen die Wachen auf den Stadttoren Feuer, und aus den umliegenden Dörfern rückten zu später Stunde die Bürgerwehren mit Feuerspritzen an. Es hatte aber nichts zu bedeuten.

Venus und Amor hatte man vergessen zu besetzen. Die Liebe hatte diesen Ort vor langer Zeit verlassen.

2

»Jetzt muß ich dir auch noch was zum lachen schreiben – denk nur, lach mich nur recht aus, heute gieng ich so vor mich hin – plözlich kommt mir meine Lieblingsnarrheit, das Schiksaal meiner Zukunft vors Auge – und höre nur, aber lach mich toll aus, da fiel mir ein, ich wolle nach vollendeten UniversitätsJahren Einsiedler werden – u. der Gedanke gefiel mir so wohl, eine ganze Stunde, glaub' ich, war ich in meiner Fantasie Einsiedler. Du siehst, Bruder! ich schäme mich nicht, Dir m. Schwachheiten zu sagen, u. das entschuldigt mich noch ein wenig – vor Dir – aber sonst – – daß ja der Brief nicht in falsche Hände – in menschenfeindliche Hände kommt – sonst heißts – der ist ein Narr!!!«

Mit siebzehn Jahren hat Hölderlin es aus Maulbronn an seinen Freund Nast geschrieben. Als einer der Besucher den

Siebzigjährigen nach seinem Alter fragt, antwortet er: Siebzehn, Majestät.

1808 holt Meister Zimmer ein Klavier ins Haus und kauft eine Flöte. Das Konsistorium zahlt dem kranken Hölderlin jährlich einhundertfünfzig Gulden, der König noch einmal die gleiche Summe. Die Mutter schickt selbstgestrickte wollene Strümpfe, die zu tragen er sich weigert. In 81 Tagen verbraucht er 69 Schoppen Wein, für einen Gulden Schnupftabak, für den Schuhmacher 2 Gulden 44 Kreuzer, das Besohlen zu jeweils 54 Kreuzern. Sein Appetit ist kräftig. Fleisch isst er selten. Frau Zimmer muss ihm extra kochen.

1828 stirbt Johanna Gock. Friedrichs Erbteil verwaltet die Schwester Heinrike. Sein Vermögen beläuft sich auf 12 958 Gulden in Schuldscheinen (nach heutigem Wert weit mehr als eine halbe Million Euro). Er nennt sich selbst Scardanelli (»der sich selbst Ausschließende«). Er nennt sich Buonarotti, nach dem Freund Babeufs. Seine Besucher nennt er: Eure Heiligkeit, Majestät. Der Mensch ist, was er bedeuten möchte, und Deutschland ist wieder das Land der Pfaffen und der Majestäten.

Was Alphonse de Lamartine über Robespierre schrieb, passt ebenso gut auf Hölderlin in seinem Turmzimmer in Tübingen: »er war das letzte Wort der Revolution, aber Niemand konnte es lesen«.

Einmal, nach vielen Jahren, findet ihn ein Hausgenosse im Morgengrauen in der Tür. Er wolle nach Frankfurt. Man nimmt ihm die Stiefel weg. Da verkriecht er sich unter der Bettdecke, kommt tagelang nicht hervor.

Am 9. März 1843 stirbt Jakob Gontard in Frankfurt. Von

seinen Kindern lebt keins mehr. Sein einziger Sohn Henry starb 1816 mit neunundzwanzig Jahren.

Drei Monate später, am 7. Juni 1843, in der Stunde der Dämmerung, klagt Friedrich Hölderlin über starke Bangigkeit. Kurz vor elf Uhr abends tritt der Tod ein.

Wenige sterben so sanft wie er, meldete Charlotte Zimmer nach Nürtingen. Am 10. Juni wurde sein Leichnam auf dem Tübinger Friedhof begraben. Auf seinem Grabstein steht neben dem Namen des Toten der Name dessen, der den Steinmetz bezahlt hat.

LITERATURHINWEISE

WERKAUSGABEN

Sämtliche Werke (Stuttgarter Ausgabe), hrsg. von Friedrich
    Beißner (Bd. 1-5) und Adolf Beck (Bd. 6-8), Stuttgart
    1943-1985
Sämtliche Werke (Frankfurter Ausgabe), hrsg. von Dietrich
    E. Sattler, Bd. 1-20, Frankfurt am Main, Basel 1976 ff.
Sämtliche Werke und Briefe, hrsg. von Michael Knaupp,
    Bd. 1-3, München 1992 (Hanser Studienausgabe)

QUELLEN UND TEXTE ZUM LEBENSUMKREIS
VON SUZETTE GONTARD

Maria Belli-Gontard, Lebenserinnerungen, 1875
dies., Leben in Frankfurt am Main, Auszüge der Frag- und
    Anzeigungsnachrichten des Intelligenzblattes 1722-1821,
    Frankfurt am Main 1850
Helmut Böhme, Frankfurt und Hamburg. Des Deutschen
    reiches Silber- und Goldloch und die allerenglischste
    Stadt des Kontinents, Frankfurt/Main 1968
Hölderlins Diotima Susette Gontard. Gedichte – Briefe –
    Zeugnisse. Mit Bildnissen, hrsg. von Adolf Beck, Frank-
    furt am Main 1980
Reinhard Pabel, Hamburger Kulturkarussell, Neumünster
    1996
Jonas Ludwig Hess, Sittengemälde Hamburgs um die Mitte
    des 18. Jh.

Journal de Francfort 1794-1810

Carl Jügel, Das Puppenhaus, ein Erbstück in der Gontard-schen Familie, Frankfurt am Main 1857

Friedrich Johann Lorenz Meyer, Skizzen zu einem Gemälde von Hamburg, Hamburg 1801

Heinrich Sieveking, Georg Heinrich Sieveking, Berlin 1913

Inge Stephan/Hans-Gerd Winter, Hamburg im Zeitalter der Aufklärung, Dietrich Reimer Verlag Berlin, Hamburg 1989 (Hamburger Beiträge zur öffentlichen Wissenschaft, Bd. 6)

Eva Tressel-Schuh, Frauen in Frankfurt, Frankfurt am Main 1997

Caspar Voght und sein Hamburger Freundeskreis, Bd. 1-3, Hamburg 1967, bearb. v. Anneliese Tecke

QUELLEN UND TEXTE (AUSWAHL) ZU HÖLDERLINS LEBENSUMKREIS 1794-1806

Adolf Beck, Hölderlins Weg zu Deutschland, Stuttgart 1982

Pierre Bertaux, Friedrich Hölderlin, Frankfurt am Main 1978

Ursula Brauer, Isaac von Sinclair. Eine Biographie, Stuttgart 1993 (Schriften der Hölderlin-Gesellschaft Bd. 15)

Ludwig Fertig, Friedrich Hölderlin der Hofmeister, Darmstadt 1990

Wilfried Forstmann, Simon Moritz von Bethmann 1768-1826, Bankier, Diplomat und politischer Beobachter, Frankfurt am Main 1973 (Studien zur Frankfurter Geschichte, Heft 6)

Wolfgang Heise, Die Wirklichkeit des Möglichen, Dich-

tung und Ästhetik in Deutschland 1750-1850, Berlin und
Weimar 1990

Wolfgang Henninger, Johann Jakob von Bethmann 1717-
1792, Kaufmann, Reeder und kaiserlicher Konsul in Bordeaux, Bochum 1993 (Dortmunder historische Studien,
Bd. 4)

Erich Hock, dort drüben in Westphalen, Hölderlins Reise
nach Bad Driburg mit Heinse und Susette Gontard, Stuttgart 1995 (Schriften der Hölderlin-Gesellschaft, Bd. 14)

Erwin Hölzle, Das Alte Recht und die Revolution, Eine politische Geschichte Württembergs in der Revolutionszeit
1789-1805. München und Berlin 1931

Christoph Jamme und Helmut Schneider, Mythologie der
Vernunft. Hegels »ältestes Systemprogramm des deutschen Idealismus«, Frankfurt a. M. 1984

Lothar Kempter, Hölderlin in Hauptwil, Tübingen 1975
(Hölderlin-Jahrbuch Bd. 9/1975)

Werner Kirchner, Der Hochverratsprozeß gegen Isaac von
Sinclair. Ein Beitrag zum Leben Hölderlins, Frankfurt
a. M. 1969

Alphonse de Lamartine, Geschichte der Girondisten, dt.
von Wilhelm Schöttlen, Stuttgart 1850-51

Lefebvre, Jean-Pierre, Hölderlin: Journal de Bordeaux, Bordeaux 1990

Friedrich Johann Lorenz Meyer, Briefe aus der Hauptstadt
und dem Innern Frankreichs, Tübingen 1802

Wilhelm Michel, Das Leben Friedrich Hölderlins, Bremen
1940

Karl Veit Riedel, Friedrich Johann Lorenz Meyer (1760-
1844). Ein Leben in Hamburg zwischen Aufklärung und
Biedermeier, Hamburg 1963

Georg Friedrich Rebmann, Werke und Briefe, Bd. 1-3, Berlin 1990

Heinrich Scheel, Süddeutsche Jakobiner, Berlin 1962

Barbara Vopelius-Holtzendorff, Familie und Familienvermögen Hölderlin-Gock, in: Hölderlin-Jahrbuch 22/1981-82, S. 333-356.

Zitiert wurde nach der Stuttgarter Ausgabe der Sämtlichen Werke.

BILDNACHWEIS